DEPENDÊNCIAS: O HOMEM À PROCURA DE SI MESMO

Considerações a respeito de tratamento
e prevenção de farmacodependência
e jogo patológico

Dados Internacionais de Catalogação na Publicação (CIP)
(Câmara Brasileira do Livro, SP, Brasil)

Oliveira, Maria Paula Magalhães Tavares de
Dependências: o homem à procura de si mesmo : consideração a respeito de tratamento e prevenção de farmacodependência e jogo patológico / Maria Paula Magalhães Tavares de Oliveira. — São Paulo : Ícone, 2005. — (Coleção conhecimento e vida / coordenação Diamantino Fernandes Trindade)

Bibliografia.
ISBN 85-274-0808-2

1. Dependência de jogos patológicos - Prevenção 2. Dependência de jogos patológicos - Tratamento 3. Drogas - Abuso - Prevenção 4. Drogas - Abuso - Tratamento 5. Jung, Carl Gustav, 1875-1961 - Psicologia 6. Psiquiatria I. Trindade, Diamantino Fernandes. II. Título. III. Série.

04-7602   CDD-362.2

Índices para catálogo sistemático:
1. Dependências de drogas e jogos patológicos : Perpectivas junguianas : Problemas sociais 362.2

Maria Paula Magalhães Tavarès de Oliveira

DEPENDÊNCIAS: O HOMEM À PROCURA DE SI MESMO

Considerações a respeito de tratamento
e prevenção de farmacodependência
e jogo patológico

**Coleção
Conhecimento e Vida**

Coordenação
Diamantino Fernandes Trindade

Ícone
editora

© Copyright 2005.
Ícone Editora Ltda.

Coleção Conhecimento e Vida

Coordenação
Diamantino Fernandes Trindade

Diagramação
Andréa Magalhães da Silva

Revisão
Rosa Maria Cury Cardoso

Proibida a reprodução total ou parcial desta obra,
de qualquer forma ou meio eletrônico, mecânico,
inclusive através de processos xerográficos,
sem permissão expressa do editor
(Lei nº 9.610/98).

Todos os direitos reservados pela
ÍCONE EDITORA LTDA.
Rua Lopes de Oliveira, 138 – Barra Funda
CEP 01152-010 – São Paulo – SP
Tel./Fax.: (11) 3666-3095
www.iconelivraria.com.br
e-mail: iconevendas@yahoo.com.br
editora@editoraicone.com.br

A Chico, Gabi,
Pedro e Bel

Sobre a autora

- Psicóloga pelo Instituto de Psicologia da USP;
- Mestre na área de Psicologia Experimental pelo Instituto de Psicologia da USP;
- Doutoranda na área de Psicologia Experimental pelo Instituto de Psicologia da USP;
- Membro Analista da Sociedade Brasileira de Psicologia Analítica;
- Trabalhou como psicóloga colaboradora do GREA – Grupo de Estudos de Alcoolismo e Farmacodependências do Instituto de Psiquiatria do Hospital das Clínicas da USP;
- Integrou a equipe do PROAD – Programa de Orientação e Atendimento de Dependentes de Drogas do Departamento de Psiquiatria e Psicologia Médica da Universidade Federal de São Paulo;
- Foi integrante do Setor de Ensino do Projeto Quixote, ministrando aulas e supervisionando atividades de profissionais da Secretaria do Bem Estar social do Estado de São Paulo;
- Bolsista da USAID – United States Agency for International Development;
- *International Visitor Fellow* no *Center for Addiction Studies* do Departamento de Psiquiatria da Universidade de Harvard.

Agradecimentos

A Dartiu Xavier da Silveira e aos colegas do PROAD – Programa de Orientação e Atendimento a Dependentes da UNIFESP, especialmente, àqueles que contribuíram para o Ambulatório do Jogo Patológico. A Auro Danny Lescher e toda equipe do Projeto Quixote. À Maria Teresa Araújo Silva e Iraci Galiás pelo estímulo e incentivo sempre presentes.

Índice

Apresentação, 11

Prefácio, 15

1. A busca da totalidade, 19
    1.1 A transcendência pelo uso de substâncias psicoativas, 19
    1.2 A droga no mundo: seu uso em diversas épocas e culturas, 21
    1.3 A droga no organismo: efeitos no sistema nervoso central, 27

2. Do uso ao abuso, rumo à dependência, 33
    2.1 Compreensão psicodinâmica da farmacodependência, 37

**3. Considerações a respeito do tratamento da far-
macodependência**, 47

3.1 Internação, 48

3.2 Grupos de auto-ajuda, 51

3.3 Farmacoterapia, 58

3.4 Psicoterapia individual, 59

3.5 Atendimento ambulatorial, 63

4. Tecendo a *Rede*, 71

4.1 Uma proposta de atendimento ambulatorial:
a experiência do PROAD, 71

4.2 Grupos de acolhimento, 72

4.3 Utilização de técnicas expressivas: *grupo de
argila*, 78

4.4 Atendimento integrado: *Rede*, 89

4.5 Prevenção do uso indevido de drogas, 103

5. Outros transtornos do controle do impulso, 115

5.1 Jogo patológico, 120

6. Considerações finais, 137

7. Referências bibliográficas, 143

Apresentação

LEITOR AMIGO,
Prazerosamente apresentamos esta importante obra de Maria Paula Magalhães Tavares de Oliveira que versa sobre um herói que infla e se perde na busca da vivência da totalidade à procura de si mesmo. Um herói que, ao ter visões, se equivoca e fica prisioneiro ao invés de sair transformado. Visões essas que podem incluir substâncias psicoativas ou comportamentos como apostar em jogos de azar, comer, fazer sexo, comprar, enfim, atividades passíveis de provocar dependência. Esses comportamentos são discutidos como outra maneira de transcender a experiência imediata visando a busca da vivência de totalidade inerente à condição humana. É apontada a falta de rituais na cultura ocidental, favorecendo o uso indiscriminado de substâncias e de outros comportamentos que favorecem a dependência em vez de favorecer o processo de individuação.

O uso de drogas em diferentes épocas e culturas é descrito e os principais achados sobre os mecanismos de ação das drogas psicoativas de acordo com a sua classificação em depressoras, estimulantes ou "perturbadoras" são apresentados. Aspectos psicodinâmicos da farmacodependência são discutidos procurando compreensão do fenômeno a partir de conceitos relacionados à psicologia analítica. O farmacodependente procura a totalidade não no sentido de transcendência e de transformação, mas numa busca anterior, de possibilidade de existência. Neste sentido, são tecidas considerações a respeito do tratamento das farmacodependências, abordando diferentes estratégias terapêuticas, como internação, grupos de auto-ajuda, farmacoterapia e psicoterapia individual. A indicação de atendimento ambulatorial é ressaltada como espaço terapêutico que propicia a criação de vínculos e que favorece o resgate da identidade do dependente, por meio de diversas modalidades de atendimento integradas. A partir da concepção de psicoterapia institucional a transferência é compreendida no seu sentido mais amplo, como transformação que ocorre a partir de encontros genuínos que podem acontecer no cotidiano.

O trabalho desenvolvido no Programa de Orientação e Assistência é descrito, enfocando a importância do grupo de acolhimento e a utilização de técnicas expressivas, ilustrada pelo *Grupo de Argila*. Serviços especializados com diferentes modalidades terapêuticas formam uma cadeia terapêutica, em que o paciente circula por diferentes serviços ligados por um elo, seu projeto terapêutico. A integração desses serviços é apresentada sob a ótica de uma *Rede* e é apontada a necessidade de investir em equipes e valorizar os profissionais para a efetividade desse trabalho. A problemática de crianças e adolescentes em situação de risco é discutida como manifestação de *sombra coletiva* e a importância dessa *Rede* que inclui o excluído, favorecendo projetos que propiciem condições para que direitos e deveres possam ser exercitados e o desenvolvimento integral do adolescente estimulado.

Prevenção ao uso indevido de drogas é discutida tendo como premissa que é prevenção toda ação que vise o desenvolvimento integral do adolescente, que estimule sua criatividade e seu potencial para que consiga conviver com as adversidades sem ter que se refugiar no uso indiscriminado de substâncias psicoativas.

Procurando ampliar a discussão, outros transtornos do impulso que se assemelham à farmacodependência são discutidos. Em particular, jogo patológico é definido e exemplificado pela fala de jogadores patológicos em tratamento. Características psicodinâmicas são discutidas, bem como estratégias de intervenção.

Ao final, o processo terapêutico é resumido: ao passarem por um percurso que os conduz a si mesmos, libertam-se e ficam livres. As drogas, o jogo, o sexo, comida, internet, etc. perdem esse efeito avassalador que exerciam sobre o indivíduo dependente, deixam de ser deuses a quem tinham que servir incondicionalmente e passam a ser meros nomes. Os arquétipos foram humanizados e os indivíduos encontraram o centro que está dentro deles mesmos, seu *Self*. Tanto no tratamento, quanto na prevenção da dependência, procura-se resgatar o indivíduo para que haja um "eu" que de fato escolha e não seja apenas levado pela impulsividade. Esse processo que resulta em um indivíduo singular, capaz de fazer escolhas, é o fim de uma jornada heróica que só pode ocorrer através da relação eu/outro. Relação essa que não precisa se restringir à relação paciente/ analista, mas que também pode se estabelecer em encontros significativos no cotidiano. É a transferência compreendida no seu sentido mais amplo, o encontro entre *Eros* e *Psyché na vida.*

Prefácio

Invisível, o ar em movimento varia em intensidade. Sua voz é um sussurro na brisa ou um grito no tufão. Penetrante, o vento invade as frestas e envolve os corpos. Carrega em seu percurso pólens que fertilizam à distância. Símbolo de eficácia e simplicidade, a biruta é o instrumento definitivo quando se pergunta de onde o vento sopra. Templo da revolução cibernética, o aeroporto da NASA não a dispensa. Magnânima, lá está. Um pedaço de pano em forma de coador de café e um aro de ferro: A biruta.

Corporificar o vento é sua alma. Expressar suas infinitas direções sua arte.

Dependências: O Homem à Procura de Si Mesmo é originalmente a reflexão que Maria Paula Magalhães Tavares de Oliveira apresentou junto à Sociedade Brasileira de Psicologia Analítica, como celebração de mais uma de suas várias facetas: Analista Junguiana.

Tal como a biruta, esse livro contribui para a reflexão sobre um tema demasiadamente humano, de uma forma simples sem ser simplista, ao saber incorporar em justa medida a complexidade que lhe é inerente. Contribui, pois encolhe o olhar às dimensões da subjetividade e do desejo do indivíduo, com a mesma fluência e simplicidade com que o espicha às dimensões da sociedade contemporânea, mitos e arquétipos. Maria Paula mantém o foco no sofrimento que o ser humano experimenta quando submetido a diferentes situações de *privação de liberdade*. A prática clínica é sua principal referência e fio condutor para a reflexão. Uma clínica que reproduz, no encontro terapêutico, as tensões e ambigüidades presentes no fenômeno das dependências. Tensão entre o que é estranho e familiar, o que é civilizado e bárbaro, o que é divino e humano, humano e bestial, enfim, um percurso compartilhado (terapeuta/paciente) cuja maior marca é a rasteira que se dá na pretensiosa compreensão de uma clivagem "cirúrgica" entre normal e patológico, certo e errado, limpo e sujo, etc. Simplismo ingênuo que ao negar a complexidade do fenômeno acaba por dele se distanciar. "Quando um dependente estabelece uma relação de confiança com seu terapeuta, quando ele pode falar livremente, é como se pudéssemos entender certas músicas da Costa Oeste dos Estados Unidos, nós podemos sentir muito intensamente a sua dimensão passional. É fato que se trata de uma questão pulsional e não de uma apendicite (...) Faz-se necessário, portanto, quanto ao fenômeno das dependências, substituirmos a clínica da causalidade pela clínica da intensidade". Assim já prescrevia profeticamente Claude Olievenstein, 30 anos atrás[1].

A mente humana é responsável pela metabolização (melhor seria *mentabolização*) dos acontecimentos da vida e de sua dinâmica transformação. Quando ela se torna impotente para conectar-se à realidade de uma forma também dinâmica e fica prisioneira de um comportamento repetitivo, necessariamente há produção de dor, de sofrimento.

Crescer como sujeito é aprender a jogar esse jogo de equilíbrio em meio aos ventos que sempre variam de intensidade e de direção. Curar-se da dependência é exatamente voltar a vincular-se à vida de uma forma dinâmica, não cristalizada, enferrujada.

A cura, portanto, está nesse resgate de liberdade, que diz respeito a libertar-se de um mecanismo de dependência psíquica e não apenas do objeto do qual se depende: droga, trabalho, sexo, jogo, poder, etc.

Com esta ética que dá corpo à sua clínica e à sua crítica, Maria Paula, também em busca de si mesma, compartilha com o leitor os vários ventos que vêm soprando de diversas direções e diferentes intensidades em seu criativo percurso profissional, como educadora e como clínica, verdadeira e rara humanista.

Dr. Lauro Lescher
Coordenador do Projeto Quixote

---

[1] Olievenstein, C. e Parada, C., *Comme un Ange Cannibale*, Paris, Odile Jacob, 2002.

1. A busca da totalidade

1.1 A transcendência pelo uso de substâncias psicoativas

> *"O conhecimento de si mesmo é o anseio de todo ser humano. A busca de si traduz condição arquetípica com sua natureza imanente e transcendente, sendo uma busca interminável que vem anunciada desde o alvorecer das primeiras culturas. O homem se busca e, em contato com suas visões, alimenta-se do conhecimento de si mesmo, sem consciência de fazê-lo."*
>
> (Alvarenga, 1999, p. 47).

A mitologia está repleta de histórias onde um herói tem uma tarefa a cumprir. Essa tarefa é geralmente composta por desafios em que o herói precisa muitas vezes da ajuda dos deuses para vencer. É nesse percurso, através das façanhas que realiza, que adquire consciência sobre si próprio e descobre sua singularidade. Este trabalho versa sobre um herói perdido em sua jornada, um herói que ainda não sabe seu nome, que infla e se perde na busca de si mesmo. Um herói que ao ter visões, se equivoca; que, ao procurar a vivência da totalidade, fica prisioneiro em vez de sair transformado.

Jung em toda sua obra fala da busca da totalidade, da necessidade da vivência de transcendência e do numinoso como característica central do ser humano. Afirma que a alma possui função religiosa natural e que a tarefa mais nobre de toda a educação do adulto é de transpor para a consciência o arquétipo da imagem de Deus (Jung, 1944/1991). Jung acredita que o homem precisa da evidência transcendente de sua experiência interior, pois esta constitui a única possibilidade do indivíduo preservar sua individualidade e de se proteger da massificação. A religião pode ser considerada um comportamento instintivo, característico do homem e suas manifestações podem ser observadas ao longo de toda a história da cultura (Jung, 1957/1999). Sua finalidade explícita é preservar o equilíbrio psíquico do homem, uma vez que sua função consciente pode ser perturbada de uma hora para outra por fatores incontroláveis, tanto de natureza interior quanto exterior. Jung exemplifica relatando como os homens recorrem à bênção, sacrifícios e rituais nas decisões difíceis. A realização de um "ato mágico" proporciona ao homem sensação de segurança extremamente importante para tomada de decisões. A representação religiosa oferece ao indivíduo proteção contra os demônios internos.

Ao se referir à religião, Jung utiliza o termo no sentido de *"religere: de uma acurada e conscenciosa observação do numinoso"* (Jung, 1963/1999, p. 9). O numinoso constitui uma condição do sujeito, independente de sua vontade e produz modificação especial na consciência, sendo universal. Religião é assim uma atitude do espírito humano, definida por Jung como *"consideração e observação cuidadosas de certos fatores dinâmicos concebidos como "potências": espíritos, demônios, deuses, leis, idéias, ideais ou qualquer outra denominação dada pelo homem a tais fatores"* (Jung, 1963/1999, p. 10).

Da mesma forma que a religião que, de certa forma, se impõe ao ser humano, a procura de estados alterados de consciência é também inerente à condição humana. Na verdade, trata-se de uma outra maneira de transcender a experiência imediata, muitas vezes à procura do numinoso e da vivência da totalidade, à procura de si mesmo. Talvez seja possível afirmar que muitos buscam no uso de drogas essa vivência de ligação com algo maior (Self) que Jung descreveu ao discorrer sobre a importância da religião para o homem.

1.2 A droga no mundo: seu uso em diversas épocas e culturas

No início da década de setenta Weil (1972) descreveu como crianças descobrem e têm prazer em brincadeiras que provocam alterações na consciência: girar até ficar tonto, prender a respiração, etc. Trata-se de experimentação de vivências intensas, de perda do controle, onde o ego abdica de suas funções momentaneamente e o indivíduo experimenta sensações novas. Podemos supor que essas atividades estejam relacionadas a uma vivência sensorial bastante prazerosa.

Desde os tempos mais remotos há registros de busca de estados alterados de consciência com o uso de substâncias psicoativas. Escohotado (1994) descreve a utilização de diferentes drogas na história, desde a Antigüidade, passando pela civilização grega, romana, chegando às Américas.

As drogas são classificadas em depressoras, estimulantes ou "perturbadoras" de acordo com a ação que exercem no sistema nervoso central. Entre as depressoras, o álcool é a mais popular e pode ser produzido a partir de distintas plantas, havendo os mais variados registros sobre sua utilização. No Antigo Testamento é relatado como Noé, depois de sair da arca, plantou uvas, produziu vinho e embriagou-se (Gênesis, IX,20-25). Em 2.200 a.C. há registros indicando que se recomendava cerveja como tônico à mulheres em lactação. No século VIII a.C. Hammurabi manda executar o taberneiro que rebaixar a qualidade da bebida. Se há recomendações para seu uso, há também registros antigos de restrição. Um papiro egípcio de 2.000 a.C. diz: "*Eu, teu superior, te proíbo de ir às tavernas. Estás degradado como as bestas*" (Escohotado, 1994, p. 9). Símbolo de Dioniso, na Grécia, as escolas filosóficas debatiam se o vinho havia sido outorgado aos humanos para enlouquecê-los ou se era para o seu bem. Escohotado relata ainda que, no lugar da pedra filosofal, os alquimistas descobriram o álcool, sendo registrado em um tratado do século XII como *aqua vitae ou aqua ardens*.

Outras drogas depressoras bastante potentes e antigas são o ópio e seus derivados. Segundo Escohotado, o primeiro registro sobre a utilização do ópio data de 3.000 a.C. O ópio era empregado como analgésico e calmante, tendo sido citado por Homero na *Odisséia* como algo que faz esquecer qualquer dor. A papoula era símbolo de Deméter, deusa da fertilidade. As plantações mais antigas de papoula eram encontradas no sul da Espanha, Grécia, Noroeste da África, Egito e Mesopotâmia. Bastante utilizado no Império Romano, o ópio tinha preço controlado, sobre o qual não era permitido especular. Apesar de seu uso difundido, não havia expressão em latim para designar o dependente de ópio, ao passo que havia mais de uma dezena de palavras para designar dependentes de álcool.

Estimulantes, como cafeína e cocaína, também são utilizados *"desde as noites dos tempos"*. Datadas do século III a.C. há esculturas representando rostos inchados devido à mastigação das folhas de coca. Na América, há registros antigos da utilização de mate, cafeína, cocaína, guaraná e cacau. Na China há 4 ou 5 milênios consome-se chá. Segundo Escohotado, essas substâncias eram utilizadas para dar *"uma injeção de energia que possibilitava trabalhar mais e comer menos"* e nunca utilizadas para provocar transes ou possessões. Eram considerados fármacos profanos, que "*o acomodado usava por gosto e o pobre por necessidade*". Na América, tabacos de maior ou menor potência eram mascados do Canadá até a Patagônia com fins religiosos, terapêuticos e recreativos. Na colonização espanhola, os espanhóis observaram os nativos fumando e o tabaco espalhou-se rapidamente na Europa, Ásia e África (Escohotado, 1994).

O uso de substâncias "perturbadoras" também não é recente. A utilização do cânhamo (cannabis) já era descrita na China em 4.000 a.C. Um tratado de medicina chinês cita que: "*o cânhamo, tomado em excesso, faz ver monstros, mas se utilizado por tempo prolongado, permite a comunicação com os espíritos e a potencialização do corpo*". Na Índia acreditava-se que a planta brotou quando caíram do céu gotas de ambrosia. Já na tradição Brahmânica acreditava-se que o cânhamo agiliza a mente outorgando longa vida aos desejos sexuais que ficam potencializados. Os Budistas, por sua vez, celebravam suas virtudes para a meditação. Para fins terapêuticos, era recomendado para o tratamento de febre, insônia, tosse seca e disenteria. Na Mesopotâmia, no século IX a.C, era utilizado como incenso cerimonial e há registros de que no século VII a.C. os celtas exportavam cânhamo para todo Mediterrâneo (Escohotado, 1994).

Há testemunhos antigos da utilização de Beladona e Datura no Médio e Extremo Oriente. Essas substâncias eram ligadas tradicionalmente ao bruxo e seu ofício. A essas plantas atribuíam-se fenômenos de levitação, fantásticas proezas físicas telepáticas, delírios e morte por intoxicação aguda. Druidas empregavam em contextos cerimoniais e terapêuticos. Na América há uma grande diversidade de plantas que possuem propriedades alucinógenas. Na América Central foram encontradas pedras talhadas com imagens de cactos datadas de IX a.C. Na África há também registros da utilização de alucinógenos semelhantes ao LSD em cerimônias rituais (Escohotado, 1994).

Observa-se que essas substâncias eram empregadas principalmente com fins religiosos ou terapêuticos, mas também eram utilizadas para proporcionar vivência intensa de prazer. Aparentemente, nas diferentes culturas, em sua maior parte, tratava-se de um uso ritual, circunscrito, que ocorria dentro de um contexto que conferia sentido ao uso da substância. Sentido este ligado à transcendência ou à transformação. Por ser ritual, pode-se supor que se tratava de um uso delimitado, que tinha significado para o usuário e sua comunidade, protegendo os usuários da dependência (Zinberg, 1984). O objetivo da utilização dessas diferentes substâncias era a vivência de transcendência como forma de adquirir conhecimentos sobre si e sobre o mundo, revelado, tanto na utilização em processos de cura, quanto nos processos de transformação, como rituais de passagem. Quando o uso extrapolava esses limites, nota-se nas diferentes civilizações a adoção de medidas restritivas, sendo o álcool geralmente o alvo.

A dimensão da experiência física, a vivência de prazer ou a fuga de estados disfóricos não podem deixar de ser mencionadas, pois parecem ser os fatores relacionados ao excesso de consumo. Boustany (1993), ao discorrer sobre a história dos paraísos artificiais, relata como o uso dessas substâncias que alteram a percepção são fundamentais nas diferentes culturas para se suportar a angústia inerente à existência humana. Afirma que as substâncias psicoativas naturais existem desde a aparição do homem na terra, uma vez que descobertas arqueológicas registram que o vinho, a fermentação de cereais e os sucos fermentados apareceram no final da era glacial. Segundo esse autor, o homem, ajudado pelo acaso e motivado pela necessidade, fazia descobertas que enriqueciam sua reserva de substâncias provocadoras de estados alterados de consciência. Esse autor acredita que essa necessidade parece ser independente da evolução das civilizações, da ciência e da modernidade: *o desejo permanente de mudança; de esquecimento; de fuga; de "deixar-se levar"; de descoberta; de comunicação; de estimulação; de sedação; esse recurso à exaltação; e atração pela vertigem, são inerentes ao homem*" (Boustany, 1993, p. 21).

Boustany aponta a embriaguez como via régia para se alcançar esses estados. Embriaguez no sentido de sair fora de si. Acrescenta que não é só vinho, maconha, cogumelos ou alucinógenos que provocam embriaguez, pois podemos ficar embriagados de amor, de Deus, de alegria, de raiva, de violência, de sucesso, de poder, etc... Só varia a maneira de alcançar esse estado. Pode ser por meio de uma substância, de uma pessoa, de um conceito, de uma emoção ou de uma convicção. Todos agem sobre o espírito, modificam funções, provocam comportamentos perturbados ou sadios, sempre diferentes da norma. Freqüentemente levam ao descontrole e, eventualmente, à dependência (Boustany, 1993).

Na verdade, o que Boustany descreve não deixa de ser outra expressão dessa característica humana tão bem apontada por Jung: o arquétipo que se impõe. Segundo Jung (1917/1987, p. 62) *"Esta é a manifestação característica do arquétipo, uma espécie de força primordial se apodera da psique e a impele a transpor os limites do humano, dando origem aos excessos, à presunção (inflação), à compulsão, à ilusão ou comoção, tanto no bem como no mal"*. Assim, se esses conteúdos arquetípicos não foram humanizados, elaborados e integrados, os complexos inundam o ego e essa necessidade de transcendência, de vivência de totalidade, enfim, de contato com o Self, fica na sombra e assombra o indivíduo com os sintomas do excesso ou da dependência.

1.3. A droga no organismo: efeitos no sistema nervoso central

O homem, na busca de descobrir a si e ao mundo que o rodeia, foi aperfeiçoando técnicas que permitem precisão antes inimaginável. De um lado autores como Escohotado e Boustany analisam o uso de substâncias nas diferentes épocas, procurando compreender o significado do uso de acordo com o contexto histórico, de outro, inúmeros pesquisadores investigando o funcionamento neurofisiológico e neuropsicológico do cérebro, sob efeito das mais diferentes drogas. Com o avanço da tecnologia que permite o mapeamento do funcionamento cerebral, procura-se compreender o mecanismo de ação das drogas nas diferentes regiões do cérebro. Sabe-se que as substâncias psicoativas são capazes de ultrapassar a barreira encefálica e que alteram a neurotransmissão de diferentes maneiras, conforme sua estrutura molecular. Dependendo do mecanismo de ação da substância e do local onde são encontrados receptores específicos, deduz-se quais regiões do cérebro são afetadas pelas diferentes substâncias visando a compreensão dos efeitos de cada uma delas.

Dentre as drogas de abuso, pesquisas indicam que os estimulantes aumentam a disponibilidade do neurotransmissor dopamina na fenda sináptica. O excesso de dopamina na fenda provoca estimulação de áreas que dão prazer. Nicotina, outra droga classificada como estimulante, é um estimulante e bloqueador da transmissão colinérgica. Produz efeito na acetilcolina, aumenta catecolaminas, serotonina, beta-endorfinas e hormônios. Além disso, estimula o sistema dopaminérgico de reforço localizado na área mesolímbica. A cafeína, por sua vez, bloqueia receptores de adenosina (neuromodulador inibitório) causando estimulação das atividades de um receptor de dopamina (receptor D2). As anfetaminas, cocaína e outras drogas estimulantes envolvem os neurotransmissores serotonina, nor-adrenalina, adrenalina e dopamina em seu mecanismo de ação. Essas substâncias aumentam a quantidade de seus neurotransmissores na fenda sináptica através de aumento de sua liberação e/ou bloqueio de sua receptação. Esse último mecanismo é o principal responsável pela ação da cocaína (Mckim, 2000).

Dentre as drogas classificadas como depressoras, temos o álcool, os ansiolíticos (barbitúricos e benzodiazepínicos), os opiáceos e os solventes. Acredita-se que moléculas de álcool alteram a permeabilidade de membranas e agem em diferentes sítios. Pesquisas recentes indicam que essas moléculas podem agir diretamente nos receptores de vários neurotransmissores e canais iônicos. O álcool aumenta ação do GABA (ácido gama-amino butírico), deprime o funcionamento do canal iônico controlado por glutamato no receptor NMDA, podendo bloquear o canal iônico. Além disso, sabe-se que o álcool estimula um receptor de serotonina (5-HT3) que abre o canal iônico despolarizando a membrana da célula, liberando dopamina no núcleo accumbens e provocando efeito reforçador. Os barbitúricos e benzodiazepínicos agem de forma semelhante ao álcool, potencializando a ação do GABA e aumentando assim sua ação inibitória (Mckim, 2000).

Embora o ópio e a morfina fossem utilizados de longa data, só na década de 70 foram descobertos receptores para opiáceos endógenos, e, posteriormente, os primeiros transmissores endógenos desse sistema, as endorfinas. Aparentemente existem três tipos de receptores de opiáceos no cérebro, sendo um deles, o receptor *mu*, responsável pela maior parte dos efeitos psicoativos da morfina e seus derivados.

Entre as drogas classificadas como "perturbadoras" encontram-se os alucinógenos e a maconha. Os alucinógenos ainda não têm o mecanismo de ação muito compreendido, mas podem ser divididos de acordo com o neurotransmissor a que se assemelham. Assim, LSD, psilocibina, harmina e ibogaína, por exemplo, assemelham-se à serotonina; mescalina, êxtase (MDMA) e similares sintéticos da mescalina são semelhantes à noradrenalina; ao passo que anticolinérgicos como datura e mandrágora são semelhantes à acetilcolina. Em 1980 descobriu-se que existem dois tipos de receptores próprios para os canabinóides, que são os derivados da *Cannabis Sativa*. Tal como os receptores opiáceos, esses receptores localizam-se tanto no sistema nervoso central como no periférico (Mckim, 2000).

Essa busca de substâncias que curem ou aliviem o sofrimento, que, segundo Boustany (1993) fazia-se no passado freqüentemente ao acaso, nela atualmente a indústria farmacêutica investe pesadamente na procura de drogas seguras capazes de diminuir a dor, o desconforto, curar, enfim, prolongar a vida. Novas medicações para transtornos psiquiátricos vêm sendo descobertas e utilizadas. Os antidepressivos, por exemplo, têm sido aprimorados e apesar de não serem drogas consideradas causadoras de dependência, uma vez que supostamente não provocariam alterações subjetivas importantes, são drogas que também começam a ser alvo de uso indiscriminado, sendo utilizadas para tratar desconfortos da alma, como tristeza, angústia, insônia, ansiedade, etc.

Assim, crises inerentes à vida passam a ser anestesiadas legitimamente, com drogas prescritas por médicos. O indivíduo perde a oportunidade de se aproximar mais de si mesmo, de se conhecer, enfim, de "cultivar sua alma", como bem descreve Hillman (1975), ao afirmar que a patologia permite novas reflexões a partir da singularidade da experiência de cada um.

Esse fato é bom exemplo de como a cultura ocidental contemporânea favorece a acomodação e o bem-estar, facilitando a dependência e a alienação, em vez de incentivar a transformação decorrente da vivência de conflitos e de sua transcendência. Se em muitas culturas o uso de drogas estava associado à sabedoria e à transformação, atualmente passa a ser instrumento de alienação. Da mesma maneira, podemos considerar o grande investimento da sociedade ocidental, em que a pesquisa avança para tentar compreender o fenômeno das dependências, priorizando apenas o aspecto biológico, procurando encontrar causas orgânicas e medicação apropriada, uma visão unilateral e redutiva da questão. Não se procura compreender o significado dessa "epidemia" de dependência na sociedade atual e no contexto histórico, sendo o significado desse tipo de vivência para aquele que utiliza a substância simplesmente desconsiderado.

Assim, como a ativação de determinada região do cérebro corresponde a sensações e provoca determinados comportamentos, pesquisas procuram mapear circuitos e determinar causas de disfunções. Com os avanços no conhecimento genético tenta-se identificar alterações em cromossomos e relacioná-los a transtornos psiquiátricos, na tentativa de explicar comportamentos considerados doenças. No entanto, todas essas informações pouco esclarecem sobre a origem da dependência em um gêmeo e não no outro, se vivem no mesmo contexto, têm a mesma família e os mesmos genes. Quais são e como outros fatores podem influenciar? Qual o sentido do uso da substância para o dependente? Essa discussão tem implicações tanto para as políticas públicas sobre regulamentação das substâncias quanto para o tratamento. Trata-se apenas de uma disfunção a ser compreendida pela medicina e adequadamente corrigida através de medicação apropriada? O dependente é um doente? Deve ser tratado ou punido? Por que escolhe um tipo de droga e não outro? Ou, por que escolhe ingerir uma substância e não praticar outros comportamentos que provocam alterações de certa forma semelhantes, como correr, comer, jogar, comprar ou fazer sexo compulsivamente? Todos estes comportamentos também estimulam determinadas áreas do cérebro provocando sensações e reações que permitem que se fale em dependência não química (Holden, 2002).

O presente trabalho pretende discutir essas questões, centrando sobretudo nas dependências químicas e abordando temas como: características da dependência, compreensão psicodinâmica do fenômeno, abordagens terapêuticas e prevenção. No final, procurar-se-á ampliar a questão, enfocando outros transtornos do controle dos impulsos que apresentam semelhanças com as dependências químicas, em particular, o jogo patológico.

2. Do uso ao abuso, rumo à dependência

A farmacodependência é um fenômeno complexo e o referencial teórico de Jung permite uma compreensão abrangente do fenômeno. O relato de uso de substâncias psicotrópicas em diferentes culturas remete à necessidade humana do contato com numinoso na transformação do indivíduo. Jung aponta a importância da função transcendente, possibilitando e abrindo caminhos para o processo de individuação, que é marcado pela necessidade de se suportar conflitos decorrentes da tensão de pólos opostos, para possibilitar sua transcendência. A droga, que era principalmente utilizada em rituais para esse fim, no final do século XX passou a ser usada preponderantemente como um fim em si mesma, pelo prazer e êxtase que propicia.

Evidenciou-se um aumento do consumo de substâncias psicotrópicas em todo mundo. Novas drogas foram descobertas e seu uso, propagado. Isso refere-se tanto às drogas lícitas, consumidas livremente, como álcool, café, nicotina, ou drogas prescritas, como ansiolíticos ou antidepressivos, quanto às drogas ilícitas. Assim que as propriedades das diferentes substâncias foram sendo conhecidas, o controle sobre sua utilização por parte do Estado foi se acirrando para impedir conseqüências adversas, principalmente a dependência. O uso de substâncias "tóxicas", como eram referidas, passou a ser questão de saúde pública e passou a ser controlado. Com o passar do tempo foi sendo restrito nos mais diferentes países.

No entanto, o controle exercido pelo Estado não obedece apenas a critérios de saúde, mas também a questões religiosas, culturais e morais. Assim algumas substâncias têm seu uso permitido em um país e são proibidas em outro, havendo uma legislação repressiva que varia de acordo com a cultura. Álcool, por exemplo, proibido no mundo árabe, é propagado no mundo ocidental, onde outras substâncias são proibidas. Entretanto, a política proibicionista pode provocar efeito paradoxal, pois em vez de diminuir problemas associados ao uso das drogas, aumenta a criminalidade (Silveira, 1994), além de elevar riscos à saúde, como é o caso da infecção pelo vírus HIV.

No final da década de 60, com o movimento da contracultura, no mundo ocidental, houve aumento de uso de drogas psicotrópicas, principalmente de alucinógenos e *cannabis*, utilizadas como forma de contestação. A partir da década de 70, aumentou o consumo de drogas, principalmente de maconha entre os jovens. No

Brasil, na década de 80 aumentou o uso da cocaína e na década de 90, de crack. Nesse período, foi visível o aumento da oferta e diminuição no preço das drogas, favorecendo o aumento do consumo dessas substâncias. Atualmente, drogas sintéticas, como metanfetaminas, ecstasy, quetamina e GHG, entram em cena, normalmente associado a ambientes onde reina música eletrônica, como *Raves.*

Ao longo desses anos evidenciou-se um aumento do processo de dependência, em que a droga deixa de ser um elemento a mais na vida do indivíduo e passa a ocupar lugar central. A droga deixa de fazer parte de um ritual e passa a ser forma de alienação: férias químicas de si mesmo. Muitos indivíduos passaram a não saber mais viver sem o consumo contínuo da substância, do uso esporádico, passaram para o habitual, e, em seguida para o problemático, até chegar à dependência. De sujeitos, senhores de si, livres e movimentados pelo seu desejo, passaram a escravos, prisioneiros de uma necessidade incontrolável de consumir cada vez mais determinada substância.

Entre os transtornos psiquiátricos, a dependência passa a ser um quadro clínico importante, provocando também conseqüências sociais, econômicas e legais. Segundo os critérios do DSM IV (APA,1994) dependência pode ser diagnosticada a partir do consumo de substâncias psicoativas que provocam três ou mais dos seguintes sintomas ou sinais: forte desejo de consumir drogas; consciência subjetiva da dificuldade na capacidade de autocontrole; uso para atenuar sintoma de abstinência; estado fisiológico de abstinência; evidência de tolerância; estreitamento do repertório pessoal de consumo; negligência progressiva de prazeres e interesses outros em favor da droga; persistência no consumo apesar de clara evidência de manifestações danosas; evidência de que o retorno ao uso, após um período de abstinência, leva a uma reinstalação rápida do quadro anterior.

A dependência representa estagnação do processo de desenvolvimento, pois trata-se de uma repetição de um comportamento em que não há elaboração. A droga entra no circuito anestesiando conflitos, postergando, ou até mesmo impedindo sua elaboração. O conceito de individuação tal como formulado por Jung é oposto à dependência, pois esta escraviza, estanca o processo de desenvolvimento, na medida em que se repete um ciclo vicioso. O conceito de individuação implica no indivíduo tornar-se de fato aquilo que é (Jung, 1935/1987). É um processo que pressupõe tomada de consciência que só pode realizar-se mediante a uma diferenciação (Jung, 1928/1985). Trata-se do desenvolvimento da potencialidade de cada um, estando ligado ao crescimento, a um processo que envolve escolhas, rupturas e sacrifícios. A dependência geralmente é observada em indivíduos que apresentam dificuldade em enfrentar esse processo de diferenciação e em lidar com frustração, sendo freqüentemente utilizada para preencher vazio existencial, uma angústia vivida como insuportável. A droga deixa de ser instrumento de transformação, como ocorria no uso ritual, e passa a ser instrumento de alienação: alienação do mundo e de si próprio.

Entretanto, apesar da dependência ser considerada uma patologia, sujeita a tratamento muitas vezes especializado, como discutido a seguir, é freqüentemente a única expressão possível de um ser em um determinado momento de sua vida. Conforme descreve Hillman (1992), a essência da psicologia é mitologia, sendo o estudo das histórias da alma[2]. A farmacodependência levanta a questão de qual é o mito do indivíduo e onde ele o leva, de maneira que se o grito do dependente puder ser ouvido, há possibilidade de crescimento e de transformação.

2.1 Compreensão psicodinâmica da farmacodependência

Os primeiros artigos escritos por psicanalistas afirmavam que existiria *a priori* uma psicopatologia específica que permitiria explicar a dependência. No entanto, os autores debatiam sobre a existência ou não de uma única estrutura que explicasse os comportamentos aditivos. Esses autores utilizavam diferentes referenciais teó-

---

[2] Para Hillman a psicologia analítica é basicamente uma ciência de processos inconscientes que podem ser entendidos como mitologemas ou fragmentos míticos, que aparecem no comportamento e nos sonhos e compõem o mito central do processo individual de cada pessoa. A análise visa encontrar o fluxo, ligar os fragmentos simbólicos num padrão mítico.

ricos para tentar compreender a farmacodependência, de forma que uma revisão bibliográfica não pode ser separada da história da psicanálise e de seus fundamentos (Magoudi, 1986). Além disso, dependentes de drogas têm sido considerados pacientes mais difíceis do que o comum e Zoja (1992) constata, surpreso, que analistas de todas as escolas quase que invariavelmente dirigem a terapia de um número muito pequeno de dependentes e que a literatura analítica sobre o assunto é relativamente escassa.

Procurando elucidar a gênese da farmacodependência, Olievenstein (1983a) faz uma analogia com a fase do espelho descrita por Lacan, que afirma que a criança se descobre como um Outro através de um espelho, real ou simbólico, que permite o rompimento de uma existência até então fusional, simbiótica com a mãe. Há um movimento, um "flash", no momento da descoberta de si, ou da imagem de si. No entanto, com os futuros toxicômanos, essa separação não ocorreria normalmente. O futuro toxicômano, ao ver sua imagem refletida no olho da mãe, perde-a imediatamente. É como se o espelho se quebrasse no momento em que a criança viu sua imagem projetada. De acordo com a dimensão dessa "quebra" há um estado posterior proporcional de exagero, isto é, o futuro toxicômano vai explorar todas as possibilidades, indo às vezes até o limite, à procura dessa identidade vislumbrada e perdida.

Olievenstein afirma que da infância até o momento em que o futuro toxicômano encontra a droga, é comum a ocorrência de pesadelos, problemas escolares, períodos

38

de masturbação longos e repetidos na adolescência, e escolha de objetos sexuais andróginos. Afirma ainda que freqüentemente esse "espelho quebrado" está relacionado a situações familiares adversas, como falta de um pai presente, que seja capaz de satisfazer a mãe ou indivíduos que foram colocados para ocupar o lugar de um irmão ou irmã mortos.

Se, por um lado, Olievenstein afirma que duas condições são necessárias para que exista um toxicômano: a presença do produto e uma relação de transgressão com a Lei; por outro, afirma que clínica da causalidade é insuficiente para explicar a gênese do fenômeno. É necessário acrescentar a clínica da intensidade. Olievenstein descreve a coexistência dinâmica no mesmo sujeito de elementos extremamente arcaicos e elementos mais elaborados. Afirma que não há uma patologia específica, mas sintomas depressivos, paranóicos, etc... A vivência do sujeito é de batalha íntima, de uma sucessão de tempestades e tufões que não lhe deixam repousar. Só sobra a avidez, um desejo violento, impulsivo e compulsivo de certa calma interior que o move em direção à substância. Ao encontrar a substância, o toxicômano revive o momento de "flash", de vislumbre de uma identidade total. A cada vez que usa o produto, busca a vivência dessa efêmera unidade. A droga preenche o vazio como uma cola que une as partes do espelho quebrado, anulando assim a fonte de angústia.

A descrição de Olievenstein revela grande diferença na busca da vivência da totalidade entre usuários de drogas e o farmacodependente: este último procura a totalidade não no sentido de transcendência, de transformação, mas numa busca anterior, de possibilidade de existência, de uma identidade sem rupturas.

Se Olievenstein descreve tão bem a dinâmica do farmacodependente a partir de conceitos oriundos da psicanálise francesa, Maxence (1992) complementa a descrição utilizando o referencial da psicologia analítica. Esse autor afirma que o farmacodependente está à espera da revelação de si mesmo a si mesmo. É incapaz de levar adiante seu processo de individuação. Sonha em voltar à androginia primitiva, auto-erótica, a um prazer solitário. Relata que o farmacodependente não aceita a sombra, sofrendo a falta da personalidade total. Para esse autor, o farmacodependente é "um doente crônico dos limites impossíveis: quer ser UM, perfeito, total, andrógino, de corpo e espírito, procurando eliminar o conflito, a oposição dialética, através da droga". Maxance sustenta ainda que o dependente é como um alquimista que perdeu suas fórmulas iniciáticas, que procura reconciliar-se com o cosmos em definitiva conquista de si mesmo. Segundo esse autor, o farmacodependente grita, à sua maneira, a ruptura com a *Grande Mãe*, com o mito fundador, além da *anima* e do *animus*. São indivíduos que não toleram a falta, a abstinência. Na passagem pela adolescência para a vida adulta há uma ruptura, uma separação difícil do dependente aceitar. Para esses indivíduos é como se fosse impossível o reconhecimento da mãe como objeto separado, havendo uma ligação que impede o movimento da libido.

No processo de crescimento há necessidade de sacrifício e o farmacodependente precisa integrar uma etapa que faltou no seu desenvolvimento, a separação estruturante da mãe. O dependente quer rejeitar a ruptura com a mãe e repete esse processo com a utilização da droga. Assim, segundo Maxence, esses indivíduos drogam-se na esperança de reviver a dinâmica da *Grande Mãe* e depois deslocar essa força revigoradora para o exterior. Drogar-se, nesse caso, seria um ritual de individuação, mas com o risco de o indivíduo perder-se de vez.

Jung, em Símbolos da Transformação (1912/1990), fala da necessidade de regressão da libido para posterior progressão. Nessa obra, cita exemplos do perigo de ficar preso ao arquétipo da *Grande Mãe*. Em vez de sair fortalecido, o indivíduo pode ficar retido. O uso de drogas provoca sensações agradáveis e permite o acesso a conteúdos inconscientes, de forma semelhante a esse movimento de recuar para avançar citado por Jung, que propicia renovação e transformação. No entanto, se o indivíduo não estiver suficientemente estruturado, corre o risco de entrar e não sair, tornando-se prisioneiro do ciclo vicioso da farmacodependência.

Zoja (1992) traça um paralelo a esse movimento ao afirmar que o fenômeno da dependência pode ser compreendido como a necessidade do jovem de resgatar a experiência dos rituais de iniciação, de morte e renascimento, do profano ao sagrado, que se perdeu na nossa cultura. Para esse autor, o uso de drogas seria uma tentativa de reviver rituais tão marcados em outros tempos.

No entanto, a dependência passa a ser o equivalente a uma falsa iniciação devido à falta de consciência. Zoja afirma que o dependente de drogas da sociedade atual pula uma etapa do processo de iniciação, que é justamente a morte iniciática, caracterizada por um fechamento com relação ao mundo, renúncia à identidade anterior e afastamento libidinal dos investimentos usuais. Ao ingerir a substância segue-se uma experiência de alteração de consciência, geralmente de bem-estar, de euforia e não de experiência de morte. Esta vem depois que cessa o efeito da droga. Segundo Zoja, o consumidor de drogas inverteu o modelo, pois vive renascimento como experiência inicial e morte como experiência final, não conseguindo viver esse processo com êxito.

Silveira (1995), utilizando conceitos desenvolvidos por Klein e Fordham, aponta para a função da fantasia de atualizar conteúdos inconscientes que, através da simbolização, tornaria possível uma estruturação do ego e maior adequação à realidade externa. A partir do símbolo o mundo interno e a realidade objetiva seriam colocados em conexão. No entanto, Silveira sinaliza que na dinâmica de alguns dependentes de drogas, a fantasia seria vivida e procurada como uma alucinação do real, devida à ausência da capacidade de simbolização. Devido à sua dificuldade em elaborar o simbólico, o dependente viveria em um mundo governado por princípios mágicos. Silveira relata que na produção de dependentes é freqüente o aparecimento de personagens míticos e irreais, remetendo a conteúdos arcaicos, arquetípicos, não humanizados. Acrescenta que essas imagens de certa forma substituem imagos que se tornam progressivamente alienantes por não poderem ser elaboradas pela vivência adequada dos dinamismos arquetípicos e são corroboradas pela clínica, onde se observa a existência de uma mãe simbiótica ambivalente, ao mesmo tempo superprotetora e abandonadora, e um pai que abdica de seu papel, descrito como ausente ou impotente. Todos esses fatores colaboram para a vulnerabilidade do indivíduo, tornando-o presa fácil da dependência. É o menino que se imagina atleta e mergulha sem máscara ou equipamento apropriado à procura de si mesmo; é o herói que parte para sua jornada sem condições mínimas de enfrentar os perigos inerentes à sua expedição.

Observa-se que o farmacodependente tem dificuldade na estruturação de papéis relacionados ao arquétipo da *Grande Mãe* (dinamismo matriarcal) e ao arquétipo do *Pai* (dinamismo patriarcal) e em funcionar num padrão de alteridade, tal como descrito por Byington (1983). Na nossa sociedade é na adolescência, onde os arquétipos da *Anima/ Animus* já estão ativados, que é maior o risco de abuso e dependências de drogas. O adolescente, na busca de sua identidade adulta, terá que lidar com o luto da perda da identidade infantil. É o herói que entra em cena, procurando seu nome próprio, querendo descobrir sua verdadeira identidade. Sua tarefa é romper com a endogamia em direção à exogamia. Há ruptura, conflito tão bem representado por *Puer X Senex*, em que o primeiro representa o jovem, o novo e o segundo o antigo, a ordem já estabelecida. Nesse conflito, há morte de um estilo de vida conhecido em nome de um novo. Trata-se de uma fase marcada pelo questionamento constante dos adultos, principalmente dos pais. É um momento de crise, pois o adolescente abandona um referencial sem ter certeza se já adquiriu outro, sem passar por rituais consagrados pela comunidade para facilitar essa passagem.

Segundo Galiás (1988), no desenvolvimento normal o indivíduo precisa desenvolver o papel matriarcal na polaridade passiva, como filho (*Fm*) que recebe cuidados por parte de pai e mãe ou seus representantes, para depois desenvolver o papel matriarcal na polaridade ativa (*M*). O mesmo se dá com relação ao dinamismo patriarcal, em que o desenvolvimento do papel na polaridade passiva (*Fp*), isto é, como filho que se submete à Lei apresentada pelos pais ou substitutos, é fundamental para o desenvolvimento do papel patriarcal na polaridade ativa (*P*). Na adolescência o arquétipo do *herói* é ativado, impulsionando o indivíduo a romper a fusão com sua família de origem em busca de sua identidade, em busca de um parceiro para, no futuro, constituir sua própria família.

Alvarenga (1995) exemplifica esse processo ao descrever a dinâmica do herói na mitologia, que passa por ritos iniciáticos através dos quais o personagem parte para o cumprimento de tarefas que concorrerão tanto para seu processo de amadurecimento como para buscar fora da tribo a mulher com quem irá constituir família. Ao retornar, o herói deverá estar apto a governar seu povo, substituindo o velho rei, trazendo renovação. Poderíamos dizer que o processo descrito é semelhante ao de um jovem que cumpre seu papel de enfrentar os desafios, adquirindo uma profissão, um relacionamento estável, deixando de viver como filho e passando a sustentar a si e à sua futura família. Para que tenha recursos para completar essa façanha, é necessário que o indivíduo tenha estruturado durante seu desenvolvimento os papéis Fm e Fp, para poder então exercer de forma criativa os papéis M e P, tão necessários nessa nova etapa. O indivíduo precisa ter recebido cuidados e ter obedecido a leis impostas por terceiros para ser capaz de cuidar de si e, num terceiro momento, cuidar também do outro.

Os papéis Fm e Fp bem estruturados favorecem o uso de drogas como ritual de passagem, pois a experiência do prazer e o registro da Lei estão bem estabelecidos e permitem que o indivíduo consiga cuidar de si sem perder o eixo na ruptura. É o atleta bem preparado, com condições de mergulhar com menos riscos. O indivíduo pode experimentar estados alterados de consciência, se permitir ter sensações de plenitude, após avaliar os riscos envolvidos. Há uma composição entre matriarcal e patriarcal, há diálogo entre *Logus e Eros*, há coexistência entre Lei e prazer. No entanto, se esses papéis não foram estruturados, o risco de inflação e de identificação do adolescente com o arquétipo do *herói* é grande, sendo maior a possibilidade de surgir um dependente.

Na dependência é comum o indivíduo apresentar excesso de confiança associado à dinâmica matriarcal, que é vivida de forma simbiótica, combinado a uma dinâmica patriarcal deficiente. Às vezes a mãe pessoal exerce a função patriarcal de forma insuficiente e o pai exerce a função matriarcal indiscriminadamente. Além disso, também é freqüente que as demandas do indivíduo sejam respondidas de forma estereotipada, faltando uma figura materna empática, capaz de discriminar e responder adequadamente. Sem desenvolver um repertório variado, o indivíduo cresce e encontra na droga uma resposta que aparentemente satisfaz suas necessidades, ou, que pelo menos, cala sua angústia momentaneamente.

3. Considerações a respeito do tratamento da farmacodependência

Tratamento para dependências começa a se desenvolver a partir da segunda metade do século XIX. A intoxicação pelo álcool suscitou inúmeras discussões sobre suas causas e manifestações, mas pouco se avançava com relação à terapia. Com o aumento do uso de substâncias psicoativas na Europa, médicos passaram a se ocupar de dependentes de morfina devido à importância dos sintomas de abstinência. Na Alemanha preconizava-se a interrupção brusca da droga para tratar dependência, até que a morte de um médico em abstinência provoca discussão sobre esse método. Em 1876 aparece na França um método menos radical, a diminuição lenta e progressiva da droga, administrada em uma clínica. Alvo de críticas, pois o paciente passava muito tempo internado em um local agradável, esse método logo foi substituído por outro, intermediário, com internações mais curtas ou mesmo tratamento ambulatorial, onde as doses eram diminuídas em 8 ou 10 dias. Procurou-se também administrar outras drogas no tratamento, como, por exemplo, a cocaína, o que resultou na aparição de novas formas de dependência. Além disso, as recaídas apontavam para a necessidade de tratamento além da síndrome de abstinência, surgindo então debate técnico e ético sobre tratamento moral (rebatizado posteriormente de psicoterapia) e internação (Yvorel, 1989). Esse debate, apesar de ter começado no final do século XIX, permanece atual.

3.1 Internação

Internação é uma medida que ainda é adotada com bastante freqüência no tratamento das farmacodependências. Olievenstein (1977) relata como os dependentes de heroína eram internados como pacientes psiquiátricos no início da década de 70, provavelmente com diagnóstico de psicose. Descreve também o processo que resultou na criação de lei que regulamenta o tratamento para dependentes, garantindo o anonimato, a espontaneidade e a gratuidade no tratamento, além de garantir internação exclusiva para dependentes na França.

Hoje internações indiscriminadas acontecem com menor freqüência no Brasil, mas ainda há casos de dependentes internados em hospitais psiquiátricos sem um programa específico. As internações prolongadas partem do pressuposto de que o dependente deve ser afastado de seu meio e apresentam propostas de reeducação. Freqüentemente são encaminhados para comunidades terapêuticas de cunho religioso. Essas comunidades proliferaram no Brasil e apenas recentemente passaram a ser obrigadas a contar com uma equipe mínima de saúde mental. Uma crítica que se faz a esse tipo de internação, em que a pessoa passa meses em uma clínica ou comunidade terapêutica, é que o indivíduo fica afastado de seu cotidiano e desenvolve poucos recursos para enfrentá-lo quando deixa a clínica. Dessa maneira, é comum relatos de pessoas que foram internadas inúmeras vezes ou que, ao saírem da internação, logo foram procurar a droga e voltaram ao antigo padrão de consumo de substâncias.

A internação, principalmente de alcoolistas, visando desintoxicação, sem projeto terapêutico apropriado, muitas vezes parece um negócio lucrativo que atende mais aos interesses do hospital do que do dependente, que vive em circuito crônico entre internação e desinternação. A família desses indivíduos já não tem mais disposição para ajudá-los e acaba fazendo papel complementar. Cansados de enfrentar o dia a dia com um dependente, internam-no e pouco conseguem fazer para romper esse ciclo vicioso.

A substituição da dependência da droga pela dependência da instituição é também outro aspecto que deve ser considerado. O indivíduo deixa de utilizar a substância mas não deixa de viver em função dela. É o avesso da mesma questão. A diferença é que se antes o indivíduo vivia intoxicado, depois passa a trabalhar na instituição, ou viver em função de reuniões e afazeres ligados ao tratamento, não deixando de ter sua vida governada pela droga. Considerando a individuação como meta, nos casos em que o indivíduo passa a viver em função do tratamento, pode-se falar em "redução de danos". O indivíduo ainda não se libertou, embora não sofra mais as conseqüências adversas decorrentes do uso da substância.

A forma de internação que parece mais eficaz é a internação apenas para desintoxicação, ou, em casos específicos, para afastar o indivíduo de seu meio e ajudá-lo a organizar estratégias de enfrentamento da questão. A internação deve ser combinada com o paciente e condicionada ao compromisso de seguir tratamento posterior. Essa internação pode acontecer em enfermarias de hospital geral e deveria estar ligada a ambulatórios especializados e grupos de auto-ajuda, de forma a facilitar a continuidade do tratamento.

Internações em hospitais psiquiátricos e, posteriormente, em clínicas especializadas em tratamento de dependências, foram as formas clássicas utilizadas para tratar alcoolistas e outros farmacodependentes. No entanto, a baixa eficácia da internação, aliada ao seu alto custo, tornaram evidentes a necessidade de se investir em novas formas de tratamento.

3.2 Grupos de auto-ajuda

A Associação dos Alcoólatras Anônimos (AA) talvez seja a intervenção mais popular e difundida em todo o mundo. Trata-se de grupos de auto-ajuda que beneficiaram muitos alcoolistas de tal maneira que seu modelo foi adaptado para outras dependências e até outras patologias. Surgiram também grupos para familiares, como ALANON, que visam dar suporte para famílias que convivem com a dependência. Esses grupos fazem um trabalho importante pois muitas vezes é através da participação nesses grupos que se rompe o papel de co-dependência exercido pelos familiares.

Naifeh (1995) faz uma análise interessante sobre a eficácia do AA utilizando abordagem da psicologia analítica, além de relatar a origem dessa associação. Segundo Naifeh, por volta de 1931, Jung começou a atender um americano, Mr. Roland H., que o procurou devido a problemas relacionados a alcoolismo. Jung o atendeu por cerca de um ano e Mr. Roland H. cessou de beber. No entanto, logo depois recaiu e voltou a procurar Jung, que depois de algumas tentativas sem êxito, disse-lhe que a única esperança no seu caso seria uma experiência espiritual ou religiosa. Essa experiência poderia motivá-lo, pois a psicoterapia não estava adiantando. Mr. Roland envolveu-se então com um movimento da Igreja Evangélica Cristã, teve uma experiência espiritual e perdeu sua compulsão. Ao ajudar um amigo alcoolista, a mensagem de Jung chegou a Bill Wilson, um dos co-fundadores da Associação dos Alcoólatras Anônimos (AA), que também teve uma vivência espiritual, essencial para sua recuperação. Wilson escreve a Jung reconhecendo sua percepção profunda do fenômeno e Jung responde à carta de Wilson afirmando que a necessidade de álcool no caso de Roland H. era equivalente à sede de espiritualidade, de totalidade do nosso ser (Jung, 1975).

Segundo Naifeh, a dependência como um fenômeno psicofisiológico é de caráter bastante intrincado e opera de forma similar aos complexos, que produzem sofrimento mas continuam a "possuir" o indivíduo sob um "incentivo" ou compulsão oculta, no centro da qual opera um arquétipo. Assim, para compreender as bases instintivas da dependência, Naifeh sugere que se identifique qual arquétipo está em questão.

O movimento da AA reconhece a dependência como doença espiritual em que uma solução espiritual é necessária. O programa de 12 passos oferece uma sistemática para estabelecer essa relação espiritual facilitando a recuperação. Do ponto de vista psicológico, pode-se dizer que a percepção da recuperação como processo espiritual significa que há algo além da experiência imediata, além do ego, que é o Self.

Segundo esse autor, o fato mais importante na dependência é chegar ao "fundo do poço". Isto significa que o indivíduo percebe que a dependência é incontrolável. A recuperação só é possível depois que reconhecer que perdeu o controle sobre seu comportamento e sobre sua vida. De uma perspectiva clínica, o indivíduo tem o primeiro reconhecimento consciente de uma força arquetípica que abre caminho para a posterior possibilidade de cura através do Self. Chegar ao fundo do poço seria o equivalente a enfrentar a sombra. Naifeh afirma que no programa da AA a experiência espiritual pode ser definida pela relação do indivíduo com a sua sombra.

A abordagem do AA pode ser composta por três elementos básicos: reuniões, a irmandade e os 12 passos; e duas regras operacionais: não beber e vir às reuniões. Ao participar das reuniões, o indivíduo é apresentado para uma tradição de histórias e à ajuda mútua enquanto vai aprendendo os 12 passos:

1º passo: Admitir que somos impotentes perante o álcool e que nossas vidas se tornaram ingovernáveis.

2º passo: Acreditar que um Poder Superior a nós mesmos possa nos reintegrar à forma normal de pensar e viver.

3º passo: Tomar a decisão de entregar nossa vontade e nossa vida aos cuidados deste Poder Superior de nosso entendimento.

4º passo: Fazer, sem medo, minucioso inventário moral e financeiro de nós mesmos.

5º passo: Admitir abertamente perante nós mesmos e perante outro ser humano a natureza exata de nossos erros.

6º passo: Estarmos inteiramente dispostos a nos desfazer de nossos defeitos de caráter.

7º passo: Pedir humildemente ao Deus (de nosso entendimento) que elimine os nossos defeitos.

8º passo: Fazer uma lista das pessoas que prejudicamos e estar disposto a fazer as reparações dos danos causados.

9º passo: Reparar os danos diretos a tais pessoas sempre que possível, salvo quando fazê-lo signifique prejudicá-las ou a outras pessoas.

10º passo: Continuar fazendo nosso inventário pessoal e, quando estivermos errados, admiti-lo prontamente.

11º passo: Buscar pela prece e meditação, melhorar o nosso contato consciente com Deus, tal como O entendemos.

12º passo: Tendo feito um esforço para praticar estes princípios em todos os nossos assuntos diários, procuramos transmitir essa mensagem a outros alcoolistas compulsivos.

Segundo Naifeh, o primeiro passo é a pré-condição para a recuperação. Trata-se da primeira etapa do confronto com a sombra, que deve ser lembrada diariamente. Na verdade, o alcoolista precisa desenvolver a qualidade de Jó descrita por Jung (1971/1988, p. 16): *"para poder subsistir, ele precisa manter-se sempre consciente de sua impotência em face a Deus Onipotente".*

Naifeh assinala que o segundo passo – *acreditar que um Poder Superior a nós mesmos possa nos reintegrar à normalidade* – é necessário para lidar com a impotência frente ao álcool, pois esse passo mostra a necessidade de um poder maior que o ego, o Self. A eficácia desse poder maior vem da capacidade de o indivíduo perceber a existência de forças maiores do que as do ego. A eficácia em termos do Self depende de uma atitude psicológica de abertura para o sentido de totalidade, que pode ser traduzido em termos psicológicos como um espaço de transformação na psique do qual soluções criativas podem surgir. O efeito do segundo passo é substituir o centro do conflito da dependência: a substância é substituída por uma experiência espiritual.

O terceiro passo – *entrega da vontade e da vida aos cuidados do Poder Superior* – aborda um aspecto importante da natureza do poder superior, o fato de ser uma entidade não cognoscível. Psicologicamente, seria o equivalente a ter consciência do Self através da consciência do processo interno. Naifeh sugere que a imagem de Deus como figura masculina pode também indicar um símbolo psicologicamente importante no arquétipo de iniciação, que rege a passagem do profano ao sagrado, da fase da morte à fase do renascimento. Afirma que o fenômeno da dependência é freqüentemente experimentado e simbolizado como uma regressão, um devoramento pela *Mãe* terrível. Em termos de desenvolvimento, um deus masculino seria o equivalente a invocar um pai, podendo significar a liberação da energia psíquica presa na imagem ou no arquétipo da *Grande Mãe*, talvez de forma semelhante à fixação pré-edípica.

O quarto e quinto passos – *inventário moral e reconhecimento dos erros* – indicam atitudes como compartilhar experiências, fazer um levantamento de suas ações, tanto positivas quanto negativas, aspectos que ocorrem no cotidiano da análise. A integração da sombra é a primeira etapa do processo analítico (Jung, 1976/1994) sendo fundamental para o processo de individuação. Já o sexto e o sétimo passos – *disposição de corrigir defeitos e pedido a Deus para eliminá-los* – podem ser vistos como apelo às forças transformadoras intrínsecas ao arquétipo do Self. Ainda visando a transformação, o oitavo e nono passos – *identificação das pessoas prejudicadas e a reparação dos danos causados a terceiros* – promovem a reparação das relações objetais, o que, segundo Naifeh, pode ser considerada mais avanço no sentido da totalidade.

O décimo passo – *atitude permanente de inventário e reconhecimento de erros* – é bastante importante, pois seria o equivalente a nunca esquecer-se da sombra e o décimo primeiro – *prece e meditação* – indica uma maneira de permanecer em contato com arquétipo central, ou com guia interno no texto referido como Deus. Já o último passo – *transmissão da mensagem a terceiros* – chama o indivíduo para sua responsabilidade para com seus semelhantes. Passar pelo processo de recuperação permite ao indivíduo a ajudar outros na mesma situação.

Uma análise dos 3 últimos passos revela um princípio profundo que os une: o arquétipo da iniciação. Sabe-se que continência é um importante fator do processo de iniciação. Um dos pressupostos básicos de Naifeh é que a falta de continência é a marca da dependência. O

AA passa a funcionar como um continente para o processo de recuperação.

Talvez a grande contribuição desse tipo de intervenção se dê justamente pelo fato da continência advir de pares, de indivíduos que sofreram do mesmo mal e conseguiram libertar-se. A imagem arquetípica do curador ferido (Groesbeck, 1983), em que o paciente desperta o "médico" dentro de si torna-se evidente. Ao entrar em contato com sua ferida, o alcoolista entra em contato com sua sombra e encontra meios de resgatar a si mesmo. Ao viver esse processo passa a ter mais condições de auxiliar seus semelhantes a enfrentar o mesmo processo. No entanto, é ingênuo acreditar que o fato de um dependente ter deixado de usar drogas é suficiente para torná-lo referência no tratamento das farmacodependências, como freqüentemente se observa em alguns programas de tratamento. Assim como a análise pessoal é fundamental para a formação e o exercício do analista, não é uma condição suficiente que o desobriga de uma formação teórica. Dessa maneira, grupos de auto-ajuda podem ser muito úteis e transformadores, mas têm alcance limitado. Além disso, nem todos os alcoolistas que freqüentam os grupos de AA, ou NA (narcóticos anônimos), conseguem identificar-se com o grupo e deixar de ser dependentes. Na verdade, essa abordagem é eficiente apenas para uma parcela da população farmacodependente. Muitas vezes essa estratégia é eficiente apenas quando associada a outra, como, por exemplo, acompanhamento clínico.

3.3 Farmacoterapia

Pesquisas vêm sendo realizadas e medicações desenvolvidas para tratar dependências. Procura-se bloquear o efeito da droga ou oferecer substituto que não provoque alterações subjetivas que proporcione prazer. Esse tipo de medicação pode ser usado como substituição da droga, visando a diminuição e o fim do uso, ou apenas para manutenção da abstinência. Como exemplo do primeiro caso podem ser citados os adesivos e gomas de mascar contendo nicotina em doses progressivamente menores usadas em tabagistas e, no segundo caso, o uso da metadona para dependentes de heroína.

A síndrome de abstinência provocada por algumas drogas deve ser tratada com medicação apropriada, uma vez que os usuários podem sofrer conseqüências graves na interrupção do consumo, como no caso do álcool. Outra indicação de medicação é aliviar sintomas relacionados ao período da abstinência de forma que o indivíduo apresente mais condições para enfrentar o processo de reorganizar sua vida sem o uso de drogas. Além disso, é importante investigar comorbidade, uma vez que a prevalência de alguns transtornos psiquiátricos como depressão, déficit de atenção e outros transtornos do controle dos impulsos, é alta nessa população.

Uma vez que a medicação tenha sido introduzida, o acompanhamento cuidadoso desses pacientes faz-se necessário. Muito cuidado deve ser tomado para não se substituir a dependência de um produto ilícito por outro lícito na ilusão de estar tratando a dependência. Esse artifício pode e deve ser utilizado desde que esteja claro tratar-se apenas de uma estratégia de redução de danos.

É importante ressaltar que a medicação pode ter um papel decisivo no tratamento das dependências de maneira que uma avaliação clínica do paciente por um profissional especializado é fundamental, assim como o posterior acompanhamento clínico.

3.4 Psicoterapia individual

Vários autores apontaram a ineficácia da psicanálise, principalmente o enquadre rígido no tratamento de farmacodependentes (Letarte, 1981; Beauchesne, 1981). Baseadas na psicanálise mais tradicional, privilegiando a comunicação verbal e a transferência, pouco sucesso era relatado no tratamento desses pacientes. Utilizando diferentes mecanismos de defesa, o dependente não criava vínculo e não aderia ao tratamento. Sendo indivíduos que procuram tratamento apenas em situações de extremo sofrimento, a ambivalência está sempre todo presente, pois não querem mais viver as conseqüências adversas decorrentes do uso, mas tampouco querem abandonar o produto.

Assim, Olievenstein (1983a), partindo da observação da dinâmica desses indivíduos, vale-se das teorias de Henri Atlan sobre os sistemas auto-reguladores e equilíbrio instáveis e afirma que não há estabilidade possível na clínica do toxicômano. É da combinação dos entrelaçamentos que surge o sentido. Como não há modelo estático que descreva com propriedade a toxicomania, esse modelo tem que ser criado passo a passo, fazendo referência à física, à poesia, à música e à filosofia. É da explosão da repetição, que vai e vem, que se organiza o movimento que é próprio da clínica do toxicômano. Olievenstein afirma que mais importante do que decifrar a mensagem na transferência é fazer o toxicômano saber haver uma mensagem percebida. A clínica não é decodificar com ajuda de um código regular, mas decifrar um segredo que só se descobre no movimento e na relação, de maneira que é necessária muita intuição para essa tarefa. É a partir desse movimento que se repara o que está quebrado.

Manter esse movimento em atendimento individual é tarefa bastante ousada e difícil. Para criar vínculo, Olievenstein sugere que o terapeuta "ocupe" o lugar da droga em um primeiro momento e só depois introduza a Lei. No começo o terapeuta permite uma ligação quase simbiótica com o dependente, característica do dinamismo matriarcal, para, depois de estabelecido um vínculo forte o suficiente, poder estruturar o dinamismo patriarcal durante o processo de análise. No entanto, é importante que o terapeuta esteja consciente do lugar que ocupa nessa primeira fase do processo e não se acomode. Deve estar atento, lidar com a transferência e introduzir a lei paterna durante o processo.

Maxance (1992), a partir das idéias de Jung (1944/ 1991) sobre transferência, segue na mesma linha de Olievenstein, sustentando que na clínica do dependente o analista deve estar junto com o paciente, não a seu lado. Explorar o inconsciente é uma caminhada a dois, em que o terapeuta, graças à transferência, funciona como um "eu" substituto. Cita a imagem da alquimia da imersão no banho utilizada por Jung e traça um paralelo à função do fio de Ariadne para seguir no labirinto até o centro da identidade individual da personalidade única de cada um. Enfatiza que o terapeuta não pode esquecer de que se trata de ajudar o dependente a encontrar o caminho em direção ao centro de si mesmo, ao Self, sendo um processo que envolve a transformação do olhar e de si. Maxance recorre mais uma vez à Jung ao afirmar que nem tudo deve ser curado, e no caso dos dependentes, trata-se da emergência da imagem de si do paciente, pois, mais que restauração, é uma revelação, é a esperança de sentido versus o desespero do sem sentido.

Maxance assinala que nesse processo é necessário ultrapassar a *Persona* para se chegar à Alma e que o trabalho terapêutico só se dá se o analista não temer a sombra. O analista está implicado no trabalho pois a clínica da transferência é a clínica do Self. A relação humana se desenvolve segundo o eu de cada um na relação. A relação com si mesmo é ao mesmo tempo a relação com o outro. Assim o trabalho com o toxicômano vai nos dois sentidos. Se o dependente se depara com defesas, o terapeuta também se deparará. Há um movimento de atração e repulsão, de forma que a terapia não é tranqüila. Segundo Maxance, tratar um toxicômano é acompanhá-lo pela mão simbólica da palavra nessa viagem de renascimento até a aceitação de uma necessária separação do substituto da mãe que é a droga, integrando a personalidade; é deixá-lo voltar à exploração do inconsciente coletivo dinâmico para que volte transformado de acordo com suas próprias verdades ontológicas; é acompanhar a viagem iniciática, reconhecer essa dimensão que ultrapassa infinitamente ao homem, ao limite, ao ego, que é o Self.

A partir das considerações de Olievenstein e de Maxance, fica evidente a intensidade dessa clínica e a complexidade da relação que se estabelece com esses pacientes. São apenas alguns dependentes que conseguem entrar em um processo de análise e sair transformados, realizando pela análise o que procuravam na droga. Silveira (1995, p. 76) utiliza uma bela imagem para descrever esse processo utilizando metáfora sobre o mergulhador: *"Para retornar vivo desta experiência inusitada que todo mergulhador profissional experimenta alguma vez, é necessário estar conectado por um cabo a um homem no qual o mergulhador tenha confiança absoluta. Na superfície, este "outro" vai puxar, às vezes à força e contra a sua vontade, o mergulhador para fora da zona inebriante"*. Jung (1935/1987) já afirmara que uma pessoa tomada pela força instintiva necessita de outra força igualmente potente para contrabalançá-la, como um continente, e que o relacionamento médico-paciente tem que ser um processo dialético.

Saber que a situação analítica pode não ser um continente suficiente faz com que o analista tenha que enfrentar outras questões no tratamento das dependências e abre portas para outras intervenções. O próprio fracasso das terapias analíticas tradicionais indicam que a psicoterapia é freqüentemente insuficiente para dar conta da tarefa. O dependente chega atrasado às sessões, falta sem avisar, transgride o contrato ou simplesmente abandona o processo. É o terapeuta que puxa a corda, mas o dependente já não está mais lá. Escapou. Ludibriou o analista, ou simplesmente, não se deixa resgatar das profundezas do fundo do oceano. Não é à-toa que muitos profissionais de saúde mental relatem que não gostam de atender dependentes.

3.5 Atendimento ambulatorial

Levando em consideração a complexidade da dinâmica do dependente, fica evidente que o trabalho terapêutico é difícil. O indivíduo tem que encontrar novo sentido na vida, uma vez que ela deixará de ser definida pelo uso da substância. Alguns conseguem sair da dependência a partir de uma internação ou de psicoterapia, outros com o auxílio de medicação e/ou grupos de auto-ajuda, mas muitos precisam de intervenção mais intensiva.

O atendimento em um ambulatório especializado permite o emprego de uma diversidade de modalidades terapêuticas que atuam em conjunto, cada qual fazendo sua parte. Um enfoque sistêmico, mais abrangente, parece ser indispensável na abordagem de um fenômeno complexo como a farmacodependência. Diferentes experiências mostraram que não é produtivo agir em um só vértice.

A psicoterapia individual, como discutido anteriormente, é preciosa para diversos casos. Entretanto, muitos não conseguem aderir à psicoterapia, desistem antes de se vincularem, ou ainda não têm demanda autêntica de análise. Estão tão colados à substância que não conseguem marcar um compromisso e cumpri-lo. Mesmo utilizando o referencial proposto por Olievenstein, por mais acolhedor que o terapeuta seja, o dependente pode não conseguir criar um vínculo. Assim, a introdução de medicação para auxiliar a suportar os sintomas de abstinência, de depressão e que diminua a impulsividade e a ansiedade, pode ser útil.

No entanto, essas duas modalidades de atendimento separadas ou associadas podem não ser suficientes. Há casos em que o atendimento em grupo pode ser fundamental para ajudar na sensibilização, no reconhecimento do outro, na percepção de si através do outro. O grupo pode ser uma forma de acolher afetivamente ao mesmo tempo em que introduz regras para seu funcionamento. A identificação com a problemática dos companheiros de grupo pode facilitar o processo psicoterápico.

No grupo há experiência de inclusão, de pertencimento, de continência, que ajuda o dependente a enfrentar a batalha para sair do mundo das drogas, como muito bem assinalou Naifeh ao analisar a eficácia do AA.

Oficinas, além de serem atividades em grupo, contribuem para favorecer a confecção de algum objeto ou proporcionar o desenvolvimento de habilidades. Sob o pretexto de exercer uma atividade específica qualquer, muito contribuem para produção de subjetividade. Essas ações têm papel terapêutico inestimável. Teatro, horta, marcenaria, pintura, qualquer atividade pode ser pretexto para confecção de produtos, para a produção de significados e para expressão de emoções que ajudam a constituir um sujeito com identidade própria. O trabalho em grupo é uma oportunidade única de criar a partir da relação eu/outro. Além disso, ao se relacionar no grupo, o indivíduo tem que lidar com limites. O respeito ao outro e a possibilidade de troca enriquecem e conferem sentido para a atividade. Assim, o grupo proporciona uma experiência estruturante, tanto no aspecto matriarcal quanto patriarcal, visando a introdução de um Outro e o desenvolvimento da capacidade de lidar com diferenças, enfim, de se relacionar num padrão de alteridade.

O atendimento familiar é outro meio importante para o sucesso terapêutico. Terapia familiar de abordagem sistêmica tem se mostrado eficaz, uma vez que ajuda a família a se reorganizar e tirar o dependente do lugar de bode expiatório, de idiota da família (Olievenstein,

1983a). As relações são trabalhadas, auxiliando os familiares a romperem com os mecanismos de co-dependência. A terapia familiar auxilia a romper a endogamia e ajuda a estruturar a saída exogâmica. Trata-se de um trabalho que auxilia a tarefa do herói, que em vez de cumprir sua tarefa, crescer e transformar, atingindo identidade adulta, está preso ao arquétipo da *Grande Mãe*. Toda a família enreda-o. A saída da toxicomania significa com freqüência um conflito acirrado, bem exemplificado na mitologia por *Crono* X *Zeus* ou *Puer* X *Senex*, que a mediação de um profissional treinado pode facilitar.

Orientação para pais de pacientes ou mesmo para pais de dependentes resistentes a tratamento que já não sabem mais o que fazer, também tem se mostrado uma intervenção útil. Em recente estudo realizado com familiares que freqüentaram grupos de Orientação Familiar, Maluf (2002) relatou significativa diminuição de sintomas de depressão e ansiedade entre os participantes após essa intervenção.

Para que o trabalho desenvolvido em um ambulatório seja efetivo, é necessário um campo que favoreça a criação de vínculos e permita o desenvolvimento dessa identidade que se encontra fragmentada. É indispensável pensar estratégias de maneira sistêmica dentro de um espaço terapêutico, e não simples atendimentos em paralelo, em que um profissional desconhece o que faz o colega. Serviços especializados com diferentes modalidades terapêuticas são úteis e devem ser articulados, pois, do contrário, os pacientes atuam, questionam e comprometem todo o trabalho da equipe.

Nesse sentido o conceito de psicoterapia institucional defendida por Jean Oury (1989) parece muito útil. Partindo da experiência com pacientes psicóticos na Clínica de La Borde na França, Oury defende a psicoterapia institucional, que concebe a instituição como um todo como terapêutica. Explicita a importância de um espaço de transferência, um espaço potencial, um espaço transicional, onde possa haver linguagem e que possa fazer sentido, enfim, conferir existência para o sujeito. Tratando-se de pacientes internados, muitas vezes por diversos anos, a vida desses indivíduos restringia-se à clínica e o desafio era de dar sentido à vida dessas pessoas. Em vez de deambular, errar pelos corredores como freqüentemente observa-se em hospitais psiquiátricos, esses pacientes percorriam trajetos, eram sujeitos com direitos e deveres a cumprir dentro da instituição. Em virtude das atividades de que participavam tinham a possibilidade de resgatar e recontar sua história. Todo o trabalho terapêutico visava a produção de subjetividade (Guatari, 1990), que pode se dar a cada encontro. Assim, qualquer pretexto pode ser terapêutico na medida em que promova produção de subjetividade. Trata-se de um modelo que propõe que a transformação pode e deve ocorrer aos poucos, nos diferentes encontros, que podem deixar alguma marca e fazer algum sentido para o indivíduo. A própria instituição passa a funcionar como espaço potencial, tal como definido por Winnicot

(1971), que auxilia o indivíduo nesse processo de revelação de sua identidade.

Na verdade, esse encontro que produz subjetividade é equivalente ao conceito de transferência, compreendida no seu sentido mais abrangente. Segundo Hillman (1992), transferência é uma réplica intensificada, um paradigma arquetípico, de toda ligação humana. A transferência está presente sempre que houver um encontro que signifique alguma coisa para a alma.

Essa concepção de transferência e de possibilidade de transformação fora da análise tradicional tem se mostrado interessante quando utilizada no trabalho com farmacodependentes, pois prescinde de método rígido que o dependente simplesmente transgride. Trata-se de um modelo pelo qual a transformação não ocorre somente em vaso fechado, à semelhança do que ocorre na análise. Os símbolos podem ser vividos e elaborados no cotidiano e as relações de transferência se estabelecem das mais diferentes formas com as diversas pessoas que compõem a equipe. Ao discutir um caso participam todos que tenham contato com o paciente com alguma regularidade, sem distinção de função, incluindo-se desde o cozinheiro ao médico. É a partir das diferentes nuances no relacionamento do paciente com cada membro da equipe é que se pode obter uma avaliação mais ampla de seu processo e elaborar estratégias terapêuticas mais eficazes.

Para que um trabalho ambulatorial nesses moldes possa ter sucesso alguns requisitos básicos são imprescindíveis: o primeiro é a integração entre os profissionais responsáveis pelas diversas modalidades terapêuticas; o segundo, que haja uma proposta de trabalho clara e que os profissionais trabalhem em conjunto. A equipe precisa cuidar-se para dar conta das atividades sem atuar e repetir a dinâmica dos pacientes dos quais se ocupa. Reuniões e supervisões regulares permitem evitar esse risco. Além disso, é fundamental que haja um projeto terapêutico para cada paciente e que exista um profissional de referência dentro da instituição responsável pelo acompanhamento do paciente. Ao participar das diferentes modalidades terapêuticas, cada paciente traçará seu percurso, que deve ter um sentido, deve promover a criação de subjetividade em cada encontro, auxiliando assim o resgate dessa identidade, cada vez mais inteira e menos fragmentada.

4. Tecendo a *Rede*

4.1 Uma proposta de atendimento ambulatorial: a experiência do PROAD

Partindo do pressuposto que a aderência a tratamento entre alcoolistas e farmacodependentes é geralmente baixa, assim como a eficácia terapêutica das intervenções tradicionais e que, quanto mais apropriadas às especificidades da população alvo, maiores as chances de êxito de uma intervenção, o PROAD – Programa de Orientação e Assistência a Dependentes do Departamento de Psiquiatria da Universidade Federal de São Paulo vem modificando seu modelo de atendimento para melhor atender essa população.

O PROAD funcionou durante alguns anos de maneira clássica. Primeiro os pacientes passavam por triagem com médico psiquiatra para posterior encaminhamento para psicoterapia individual, grupal ou familiar, de acordo com a demanda de cada caso. Como se trata de um serviço público gratuito, a demanda era superior à capacidade de atendimento. Formavam-se filas de espera e consultas eram agendadas com um mês de antecedência. No dia da consulta, freqüentemente o dependente não comparecia, provavelmente sequer lembrava que tinha um compromisso. Assim, o serviço vivia um aparente paradoxo: uma fila de espera de um lado e psiquiatras disponíveis de outro. Além disso, a equipe almejava montar um espaço de acolhimento, oferecer uma alternativa à "bocada", que até então era o único referencial do dependente. Levando em consideração todos esses fatores, em 1993 foram criados os Grupos de Acolhimento. Trata-se de um espaço terapêutico que possibilitou aumento da aderência ao tratamento, havendo uma diminuição do consumo de drogas dos participantes, antes mesmo de terem sido avaliados por um médico (Lescher, 1996).

4.2 Grupos de acolhimento

O grupo de acolhimento é o primeiro atendimento pelo qual o usuário de álcool ou drogas passa ao procurar tratamento no PROAD. É um grupo coordenado por dois profissionais com experiência em farmacodependência (psicólogos, psiquiatras, terapeutas ocupacionais) que se caracteriza por ser aberto, isto quer dizer que o paciente não precisa agendar previamente sua participação. O PROAD procura oferecer esses grupos diariamente, separando adolescentes de adultos, mas todos os grupos de acolhimento recebem usuários das mais diferentes substâncias, incluindo-se o álcool. O número de pacientes varia a cada encontro, não havendo limite rígido. Em média, o grupo conta com cerca de oito a doze pessoas. Pacientes novos no serviço convivem com pacientes já em tratamento. Os principais critérios de exclusão são estar intoxicado no momento do grupo ou em surto psicótico. Agressão de nenhuma forma é tolerada, bem como o tráfico de drogas. O dependente pode vir ao grupo na freqüência que lhe convier, podendo comparecer até cinco vezes por semana.

Esse tipo de atendimento foi a forma encontrada pelos profissionais do PROAD para responder à demanda imediatista do farmacodependente de forma diferente da droga. Na hora da "fissura" o farmacodependente tem outra alternativa ao uso da substância, que é a possibilidade de ser recebido no grupo de acolhimento. Após ter obtido freqüência mínima nesses grupos, o farmacodependente é encaminhado para uma consulta com médico psiquiatra e psicólogo, que realizam um exame clínico e diagnóstico. Se houver necessidade, o farmacodependente é medicado e acompanhado clinicamente. Freqüentemente o paciente chega para a consulta de triagem com um padrão de uso de drogas diferente do que tinha quando chegou pela primeira vez ao grupo de acolhimento. Muitos já diminuíram ou até pararam de usar a substância de que abusavam, influenciados pelo fato de participarem dos grupos de acolhimento. Após a triagem, o farmacodependente continua participando desses grupos, podendo ser encaminhado também para outras modalidades de atendimento.

Nas primeiras participações nos grupos de acolhimento é comum os pacientes se apresentarem ao grupo dizendo: "*Sou João, uso crack; Sou José, cheiro coca; Maria, crack; Antônio, álcool;*" e assim em diante. Os coordenadores logo assinalam que a droga usada parece o sobrenome da pessoa, pois se apresentam pelo tipo de droga que usam, e começam o grupo questionando se a vida de cada um se resume ao uso da substância citada na apresentação. Os pacientes ficam surpresos com o fato; nunca haviam parado para pensar a respeito e os coordenadores às vezes propõem uma nova rodada de apresentação, em que cada um deve se apresentar sem mencionar a substância da qual abusam. Durante a segunda apresentação vai ficando evidente a dificuldade de falar de si sem citar a substância, companheira inseparável de tanto tempo, dando indícios da dificuldade da tarefa a que estão se propondo.

Com o desenrolar do grupo, as histórias complementam-se, quando não se repetem. Relatos de experiências difíceis, sustos, "overdoses", morte de amigos, conflitos familiares, saídas heróicas de situações limite ilustram o drama vivido. O relato ora é carregado de adrenalina, ora de depressão. Um vai dando força para o outro. Freqüentemente trocam-se receitas: "*Eu me tranco em casa, não saio mais com o pessoal, não*"; "*Mudei* o trajeto para ir para casa"; "Arrumei uma namorada, só saio com ela"; "Minha família está dando a maior força. Tô conseguindo ficar em casa e trocar uma idéia com o meu pessoal"; "Amigo de correria não é amigo, não. Uma "presença" te oferecem, mas ninguém te dá um prato de comida. No fim é com a família que a gente conta"; "Tá difícil de agüentar, pois não confiam mais em mim"....

Conforme a palavra vai circulando, vai se tecendo uma solidariedade entre os membros do grupo. Eles passam a se ouvir, a sair do isolamento em que se encontravam no processo de dependência (sujeito/droga) e começam a perceber o outro, a se identificar com a história do outro. A empatia possibilita que o afeto circule. Finalmente encontram um espaço onde sentem segurança para se expor, para expressar seu desespero, suas dúvidas, sua angústia, sem se sentirem cobrados ou julgados. Ali, naquele momento, podem estar, e quem sabe, ser, alguém diferente do sujeito/droga.

Alguns se assustam com o relato dos colegas, acham que ainda não estão tão comprometidos. Isso reforça o desejo de parar de usar, querem sair dessa antes que piorem. Entretanto, para outros, isso reforça o uso, pois acreditam que ainda não estão tão mal assim, alimentando a fantasia de que darão conta do recado sozinhos. Estes, às vezes não voltam para os grupos. Dessa maneira a freqüência ao grupo de acolhimento é bastante diversificada. Alguns encontram no grupo um espaço continente para suas angústias e voltam todos os dias, aderindo ao atendimento oferecido pelo PROAD com facilidade. Outros, ficam reticentes, comparecendo apenas quando estão mal, pois ainda estão divididos entre o prazer da droga e a abstinência. Há ainda os que não estão dispostos a ficar sem a droga. Estes abandonam o serviço e muitas vezes, voltam seis meses depois dizendo: *"Naquela época eu ainda não estava decidido, agora é diferente, tenho que parar de usar"*.

Essa proposta de tratamento foge do modelo tradicional que privilegia a relação médico/paciente ou mesmo, terapeuta/paciente. A instituição como um todo deve ser um espaço de vivências terapêuticas que contribuam para o desenvolvimento do paciente. O vínculo criado a partir da inserção no grupo de acolhimento permite ao sujeito estabelecer uma relação transferencial com a instituição, representada por diferentes coordenadores de grupos de acolhimento e não com um profissional isolado. As diferentes modalidades terapêuticas disponíveis no PROAD (psicoterapia individual, familiar, de grupo, atendimento clínico e oficinas) visam a produção de subjetividade, que é estimulada a cada encontro, podendo acontecer em qualquer momento, não estando restrita à psicoterapia individual ou grupal. O resgate da identidade de cada um constrói-se aos poucos, em diferentes momentos. Evidencia-se, então, a riqueza da pluralidade, da diversidade de atividades. Diferentes modelos identificatórios são oferecidos, sendo possível respeitar a unicidade de cada um e o momento em que vive.

O trabalho terapêutico é feito visando ampliar o repertório do paciente, que normalmente está restrito ao mundo das drogas, além de despertar interesses por outras áreas, auxiliando-o a descobrir prazer no cotidiano. Enfim o trabalho tem como objetivo dar subsídios para o farmacodependente conseguir tirar a droga do centro de sua vida e deslocá-la para a periferia, devolvendo-lhe autonomia, de forma que deixe de ser escravo da substância. Sair do ciclo vicioso só é possível se a droga deixar de representar a única maneira de estar vivo. Como bem descreve Olievenstein (1983), o dependente terá que se haver com um vazio no momento em que parar de consumir drogas. A droga faz falta não só pelo seu efeito em si, mas pelo fato da vida do dependente ser estruturada em torno do consumo da substância. Olievenstein fala na falta da falta. Se o indivíduo não sente falta da droga, não tem que arrumar dinheiro para consumi-la, não vai mais encontrar seus companheiros de "balada", enfim, o dependente perde sua rotina e suas referências, acaba não sabendo, por exemplo, como ocupar seu dia. É esse vazio que favorece a recaída. Por isso é importante que o dependente sinta-se acolhido, que acredite possuir recursos para enfrentar o vazio, para conseguir elaborar as perdas e viver experiências novas.

Muito esforço é exigido para resgatar a pessoa que se esconde atrás do uso da substância. Essa tarefa, que começa nos grupos de acolhimento, perpassa todo o tratamento. Trata-se de uma tarefa heróica, que exige o sacrifício de um comportamento, de um estilo de vida, visando a criar um modo de vida novo, desconhecido para o farmacodependente. Para tanto terá que acordar o herói dentro de si e encontrar forças para retomar sua jornada em direção a si mesmo. Se o dependente conseguir vislumbrar a possibilidade de uma maneira diferente de viver e de fato estiver saturado do ciclo vicioso do consumo de drogas, será mais fácil acordar o herói e terá mais condições de conseguir parar de se drogar. No entanto, se o desconforto da droga não é tão grande, e tampouco é possível vislumbrar qualquer alternativa viável e concreta, a tarefa fica quase impossível. As recaídas são constantes e o sujeito sofre com a dúvida, vale ou não a pena ficar sem usar? Abandonar a substância que dá prazer, companheira inseparável de tanto tempo e suportar as frustrações, as limitações impostas pelo dia a dia, sem o subterfúgio de modificar sua percepção, está longe de ser tarefa fácil.

4.3 Utilização de técnicas expressivas: *grupo de argila*

A partir da experiência clínica, ficou evidente a importância de desenvolver formas alternativas de atendimento, que acolham esse conflito vivido pelo farmacodependente e propiciem vivências estruturantes como ocorre no grupo de acolhimento. No entanto, grupos verbais podem ser insuficientes para dar conta de tal tarefa. Mais uma vez, surge o desafio de como propiciar desenvolvimento e resgatar o dependente sem ser no trabalho analítico tradicional. Como auxiliar esses indivíduos a cumprirem sua jornada heróica e encontrarem a si mesmos? A adoção de técnicas de desenho, pintura e escultura no trabalho de C.G. Jung apontam o caminho para ir além da associação livre e da amplificação como assinala Byington, (1993).

O processo criativo pode ser considerado como uma essência viva implantada na alma do homem, que vive e cresce dentro do homem como uma árvore no solo do qual extrai seu alimento (Jung, 1929/1991). Assim, aproveitar esse potencial do ser humano não só enriquece, como facilita o trabalho terapêutico. Nesse caso, a produção artística só tem a contribuir, na medida em que permite a expressão de conteúdos inconscientes através de imagens que podem ser elaboradas e seu sentido integrado à psique.

Jung (1929/1991), ao discorrer sobre a criação artística e a importância da obra de arte, afirma que a psicologia terá que se limitar ao processo psíquico da criação artística e nunca atingirá a essência profunda da arte em si. No entanto, sustenta ser possível tentar compreender o sentido da obra. A vida do autor e o condicionamento prévio só interessam na medida em que facilitam a melhor compreensão desse sentido, pois a obra de arte não é um ser humano, mas algo suprapessoal. Ao falar da relação da psicologia com a obra de arte, estamos fora da arte e podemos especular e interpretar para que as coisas adquiram sentido. Segundo Jung, para obter conhecimento é necessário deslocar-se para fora do processo criativo e olhá-lo desse lado, pois assim ele se tornará uma imagem que exprime um sentido. Assim o que era um fenômeno isolado, obra de arte, transforma-se em algo que, juntamente com outros fenômenos, terá outro sentido. A obra de arte oferece uma imagem elaborada que, concebida como símbolo, é passível de análise.

Ainda nesse mesmo trabalho, Jung revela o segredo da arte: o processo criativo consiste numa ativação inconsciente do arquétipo e numa elaboração e formalização na obra acabada. De certo modo a formação da imagem primordial é uma transcrição para o presente feita pelo artista, dando novamente a cada um a possibilidade de ter acesso às fontes mais profundas da vida que, de outro modo, lhe seria negado. Partindo da insatisfação do presente, o artista recua até encontrar no inconsciente aquela imagem primordial adequada para compensar de modo mais efetivo a carência e unilateralidade do espírito da época. A arte representa assim um processo de auto-regulação espiritual na vida das épocas e nações.

Jung assinala que a obra de arte praticamente se impõe ao autor, trazendo em si sua própria forma. Enquanto o eu consciente está perplexo e vazio diante do fenômeno da criação, ele é inundado por uma torrente de pensamentos e imagens que jamais pensou em criar e que sua vontade jamais quis trazer à tona. Jung acrescenta ainda que é o Self que fala, sua natureza mais íntima que revela-se por si mesma anunciando abertamente o que nunca teria coragem de falar. A obra é maior que o autor e ele tem consciência de que está submetido a ela.

Ao se referir à produção de seus pacientes, Jung afirma que as obras não devem ser consideradas arte, pois são mais que isso: "*trata-se da eficácia da vida sobre o próprio paciente. O sentido da vida individual que faz com que o paciente se esforce para traduzir o indizível em formas visíveis, desajeitadamente, como uma criança*" (Jung, 1929/1991, p. 58). Acrescenta ainda que a pintura de quadros produz efeitos incontestáveis, embora difíceis de descrever. Lembra como exemplo, o fato de um paciente perceber que pintar liberta-o de um estado psíquico deplorável e então passa a usar esse recurso sempre que seu estado piora, tornando-se independente em sua criatividade. Ao pintar, está se plasmando e o que pinta são suas fantasias ativas, o que está mobilizado dentro de si (Jung, 1935/1987).

Partindo desses conceitos, técnicas expressivas foram introduzidas no trabalho com dependentes. O intuito não era que os pacientes produzissem obras de arte, mas dar asas ao instinto criativo e atingir camadas mais profundas no inconsciente, que pudessem ser expressas por imagens, e essas imagens, compreendidas como símbolos.

No início do ano 2000, iniciou-se no PROAD uma nova experiência: introduzir materiais expressivos, principalmente argila, em um grupo de acolhimento. Surgiu assim o *Grupo de Argila*, uma atividade que incentiva o "artista" que existe dentro de cada um, de forma a acessar o inconsciente e proporcionar renovação. Trata-se de um grupo semanal de duas horas e meia de duração, coordenado por dois psicólogos. Depois de um breve relaxamento, com música de fundo, todos devem tentar expressar-se por meio de argila por cerca de meia hora. O relaxamento, mesmo que rápido (dura cerca de dez minutos), auxilia o indivíduo a chegar ao grupo e a se sintonizar consigo mesmo. Sabe-se que num estado de relaxamento as emoções tornam-se mais vivas e atingem mais fortemente o indivíduo (Kast, 1997). Depois do relaxamento, solicita-se aos participantes que dêem à argila a forma que quiserem. O número de integrantes do grupo varia havendo em média dez pacientes por sessão. Quando todos confeccionam suas peças, os coordenadores convidam os participantes a olharem sua produção e a dos colegas. Cada um dá um título ao seu trabalho ou fala em uma ou duas palavras algo que sintetiza sua obra. Então é aberto espaço para discussão. Cada um expõe o que fez, o que está sentindo ao ver sua peça, qual era sua intenção, o que sentiu ao fazer e o grupo comenta. Nessa conversa, temas centrais vão se esboçando. Temas, que freqüentemente não dizem respeito apenas a quem produziu a peça, mas que geralmente sensibilizam todo o grupo. Esses temas são tratados como símbolos tais como descritos por Jung (1958/1986, p. 7): *"entendendo-se símbolo como o termo que melhor traduz um fato complexo e ainda não compreendido pela consciência".* Segundo Jung (1935/1987, p. 117), há uma relação de compensação entre consciência e inconsciente e o inconsciente sempre procura complementar a parte consciente da psique, acrescentando o que falta para a totalidade. O inconsciente gera símbolos compensatórios que devem ser assimilados e integrados para serem eficazes.

Assim, no *Grupo de Argila* parte-se do pressuposto que alguns temas são arquetípicos e que tudo que é produzido no grupo pode ser em princípio considerado um símbolo. Procura-se entender as imagens sugeridas pelas peças, solicitando-se associações do autor. Nesse processo interpretativo, as idéias do sujeito são reunidas a partir de cada imagem sugerida e o autor é convidado a relacionar o que fez com o contexto específico de sua vida. Segundo Jung, o essencial num complexo é a emoção a ele associado, de forma que os coordenadores do grupo procuram garantir um clima favorável à expressão da emoção, dando vida às peças confeccionadas.

Os coordenadores guiam a discussão procurando amplificar os símbolos que vão surgindo. A partir da discussão, as peças vão adquirindo significado e os conflitos vividos pelos pacientes, mais sentido, passando a ser mais toleráveis. Jung (1935/1987) já afirmara que a atividade meramente pictórica não bastava, sendo necessário compreender intelectualmente e emocionalmente as imagens a fim de integrá-las na consciência. A técnica expressiva rompe com os mecanismos de defesas tradicionais. A emoção flui mais facilmente e na apresentação e elaboração dos trabalhos o grupo tem a oportunidade de compartilhar genuinamente da vivência do outro. Discussões mais profundas surgem e os pacientes saem do grupo bastante mobilizados.

No *Grupo de Argila* qualquer produção é pretexto para trazer a subjetividade para o grupo. Às vezes o farmacodependente afirma que a peça não quer dizer nada, "surgiu" , "não tem nada a ver". O grupo e os coordenadores começam então a solicitar associações e diferentes significados vão surgindo, dando sentido à peça. Tudo é considerado um símbolo, intraduzível, do qual é necessário se aproximar e ampliar o sentido. Nas amplificações o sentido daquilo que parecia tão individual passa a ser compartilhado pelo grupo. No entanto alguns resistem e não querem falar sobre sua produção. Nesses casos, a ênfase dos coordenadores não é interpretar o que foi produzido. Segundo Kast (1997) *"as imaginações podem ser interpretadas como os sonhos. Mas assim como os sonhos, as imaginações também fazem efeito quando não interpretadas, contanto que sejam experimentadas e percebidas com extrema vivacidade"*. Da mesma maneira, fazer uma peça na argila e entrar em contato com o símbolo produzido parece produzir, por si só, algum efeito terapêutico.

O grupo é aberto, não sendo a presença obrigatória, mas nota-se que muitos pacientes voltam na semana seguinte mobilizados. Cada sessão é uma unidade, com começo, meio e fim. Ao final da sessão, todas as peças são fotografadas. Cada paciente, no seu ritmo, retorna ao grupo para continuar seu processo, comentando o sentido do que foi dito na sessão anterior. Jung (1944/1991) afirma que o processo de desenvolvimento revela-se cíclico ou em espiral e que os sonhos traçam movimento de rotação em torno do centro, dele se aproximando mediante amplificações cada vez mais nítidas. No trabalho com argila é possível observar esse movimento em torno de um tema central. Alguns temas recorrentes nos grupos que retratam a angústia do dependente, o vazio existencial que enfrentam na abstinência, o papel das relações familiares e afetivas, a dificuldade de ficar sem usar a substância foram selecionados e são descritos a seguir.

Resistência, expressa por não querer participar ou por fazer um objeto qualquer para se livrar da tarefa é tema comum entre pacientes novos. O paciente demora para pegar argila, relata que não faz nada em especial, deixa a argila sem forma definida. O grupo começa então a comentar e freqüentemente sugere diferentes objetos ou sentidos para a peça. A partir da imaginação o grupo inicia uma conversa em que o autor da peça acaba se colocando e se apresentando. Outras imagens comuns, principalmente quando se trata de iniciante, são cinzeiros, vasos, às vezes revelando um pedido de continência. Pacientes dependentes de álcool confeccionam copos, cálices, canecas. A partir de cada peça busca-se a especificidade da história relacionada ao consumo de álcool. Parte-se de um tema genérico visando conhecer o drama pessoal daquele indivíduo.

Barcos, pranchas de surf, mar, também são temas recorrentes. A partir desses elementos são traçadas metáforas da jornada do herói: barcos, travessias, viagens heróicas, com obstáculos ou então é explicitada a sensação de estar navegando sem rumo certo, angustiado por não saber qual seu destino. Sol, estrelas e a lua também aparecem constantemente. As associações incluem o calor do sol, alegria, iluminação, certezas de seguir um determinado caminho. A lua é associada à luz noturna, à paz de sentir-se inteiro à noite, sem usar drogas, mas também aos perigos, às tentações das "baladas". As estrelas iluminam o céu, sendo associadas a esperança, à guias noturnos. Muitos elaboram cenas onde estão entre o sol e a lua, às vezes conseguindo administrar conflitos representados por esses pólos opostos; outras vezes, angustiados, divididos, referem-se às diferenças que observam em si quando intoxicados e quando estão "limpos".

Surgem também os mais diversos animais. As relações com corpo, pulsão e instinto estão bem representados nos símbolos com animais. Kast (1997) relata que, nos contos de fada se animais são poupados da morte e conviverem com os personagens, acabam propiciando ao herói uma vida melhor, sugerindo a necessidade de incorporar o lado animal, integrar o lado instintivo. As imagens produzidas favorecem a discussão sobre assimilação desses conteúdos "selvagens", pois costumam ser diretas e bastante ilustrativas, mobilizando o grupo.

A figura humana é representada com freqüência. Algumas vezes de maneira bastante indiferenciada, outras vezes, mais elaboradas. Observa-se uma correlação entre a elaboração da figura humana e o processo pelo qual está passando o dependente. Pacientes que estão muito identificados com a droga parecem perder a noção de si mesmos enquanto indivíduos. Produzem figuras humanas simples, mal elaboradas, às vezes disformes.

Aparecem cenas familiares, encontro com pessoas queridas, freqüentemente expressando o desejo de estar em paz junto a seus pares. Casas, lar, alimentos, refeições, simbolizando aconchego e afeto, são temas que aparecem como um desejo importante, uma meta a ser conquistada, ou, freqüentemente, reconquistada.

Angústia e raiva também são expressas comumente em situações que representam conflitos vividos. A recaída é um tema que mobiliza muito o grupo, estando associada à culpa e ao medo de perder tudo que já foi conquistado.

Entre os pacientes que passam a vir ao grupo com certa assiduidade, nota-se uma evolução na produção que retrata o processo daquela pessoa. Figuras arquetípicas passam a ser humanizadas. Através das imagens sugeridas pela argila histórias são contadas. Algumas vezes são apenas cenas isoladas que o grupo tem o privilégio de compartilhar. Quando o participante é mais assíduo, pode-se participar do processo, torcer pelo colega, sentir sua dor, comemorar suas vitórias e se contagiar com suas alegrias. A continuidade permite com que se crie uma intimidade entre os participantes que acompanham o processo. Ao final da sessão, muitas histórias se passaram, mas há um traço comum que une o grupo, a solidariedade e o respeito pelo processo do outro, pela sua singularidade.

O *Grupo de Argila* propicia que conteúdos inconscientes surjam em um contexto em que é possível estabelecer um diálogo com a consciência, visando uma modificação tanto consciente quanto inconsciente. Segundo Jung (1935/1987), os símbolos são as marcas do caminho do processo de individuação, do processo de amadurecimento e de transformação, que consiste em um confronto entre consciente e inconsciente, levando a pessoa a chegar cada vez mais perto da pessoa que de fato ela é, sempre no caminho, cada vez mais, dela mesma. Levando em consideração a dificuldade do farmacodependente em assumir o papel de sujeito de sua própria vida, esse tipo de estratégia terapêutica tem se mostrado bastante apropriado para o tratamento dessa patologia.

Usando a terminologia de Winnicot (1971), a argila torna-se um objeto transicional e o próprio grupo passa a ser um espaço potencial. O conflito vivido pelo dependente tende a ser suportável, uma vez que o que lhe está acontecendo pode ser compreendido e há um efeito apaziguador da compreensão. Se não pode ser compreendido, pode ser acolhido e a angústia ser compartilhada. O indivíduo sai assim do isolamento, do "des-espero". Há comunicação, nem que seja não-verbal e assim o indivíduo pode suportar esperar a resolução do conflito. O grupo às vezes dá nome para aquilo que o indivíduo não consegue nomear e o indivíduo, com o tempo, começa a falar de si, de seus sentimentos, mais livremente. Se antes fugia por meio da droga e depois se escondia na *Persona* do dependente, no grupo encontra a possibilidade de se mostrar, se conhecer e se descobrir.

4.4 Atendimento integrado: *Rede*

Grupos que utilizam técnicas expressivas como o grupo de argila podem ocorrer em oficinas, fora de um ambulatório médico. Na verdade, muitas atividades destinadas à população geral podem, em muito, contribuir para a difícil tarefa de resgate de identidade de um farmacodependente. Atividades que vão desde o desenvolvimento de dons artísticos como música, pintura, dança, entre outros, às que visam o exercício físico, como esportes ou qualificação profissional. Evidencia-se assim a complexidade da questão, pois, além do ambulatório, o indivíduo pode e deve freqüentar outros espaços como oficinas, escola, praticar atividades culturais e desportivas, além de recorrer à internação e outros serviços de saúde, como coadjuvantes de seu processo de tratamento. Olievenstein (1983b) fala em cadeia terapêutica, uma vez que o paciente circula por diferentes serviços ligados por um elo, o seu projeto terapêutico.

Um ambulatório com todas suas diferentes modalidades de atendimento está inserido em contexto maior, faz parte de um sistema de saúde, que, por sua vez, situa-se em um município que segue determinada política pública. A interação de três fatores, o sujeito, a droga e o contexto sociocultural caracterizam a farmacodependência (Olievenstein, 1990), mas também determinam seu tratamento. Restringir as ações à droga com medidas de repressão não resolve o problema da dependência, como tampouco ajuda concentrar as atenções apenas no indivíduo, com emprego de estratégias de intervenção, psicoterapêuticas ou medicamentosas, sem levar em consideração o contexto sociocultural. O dependente circula por um município e interage com diferentes instituições no seu cotidiano. Uma única instituição, por mais integrada e completa que seja, não pode ser suficiente. A tarefa é mais ampla, diz respeito à inclusão, à cidadania, à reinserção de indivíduos que se encontram duplamente alienados.

A farmacodependência está relacionada à marginalização, freqüentemente ao crime, de forma que muitos dependentes acabam excluídos de todos os serviços que o município oferece. A epidemia da AIDS gerou uma contribuição muito importante, pois fez com que não se pudesse mais ignorar a população por ela atingida. A contaminação pelo vírus HIV entre usuários de drogas endovenosas e a propagação entre seus parceiros fez com que se tornasse imperativo parar de falar de grupos de risco e que se passasse a cuidar dos comportamentos de risco, exigindo que atitudes concretas fossem tomadas. Educadores passaram a trabalhar na rua, procurando fazer contato com essa população e estabelecer vínculos de confiança, visando a divulgar estratégias preventivas e tentar oferecer serviços de saúde. Surgiu a redução de danos como estratégia inteligente e eficiente para minimizar as conseqüências adversas do uso indevido de drogas. Parte-se de uma realidade que se impõe (dependentes são dependentes), sem tentar negá-la ou modificá-la por discursos morais ou médicos. Ao tratar o dependente como igual, abre-se uma porta e os educadores de rua logo descobriram que através do vínculo, é possível despertar no outro o desejo de se cuidar. Trata-se de uma atitude que respeita o indivíduo e oferece meios acessíveis de melhorar sua qualidade de vida, principalmente no que se refere à saúde, se assim ele o desejar. Essa postura não deixa de ser de alteridade. Postura essa difícil de se sustentar, uma vez que a sociedade freqüentemente exige soluções rápidas e autoritárias, quando não totalitárias, na tentativa de eliminar conflitos.

A complexidade dessa questão evidencia-se também quando se trata do atendimento de crianças e adolescentes em situação de risco. Usuários de drogas, vivem ameaçados de serem encerrados em comunidades terapêuticas que não passam de muros altos de exclusão, de marginalização, que têm como finalidade tirar da vista uma realidade que escancara as contradições da sociedade atual. São crianças e adolescentes que saem de casa à procura de uma vida melhor e migram para o centro das cidades. Geralmente são jovens que não conseguiram adaptar-se à escola convencional. Freqüentemente expulsos, de eventuais usuários tornam-se traficantes ou dependentes. Como bem demonstrou um estudo realizado com essa população (Lescher et. al., 1998) essas crianças percorrem um circuito de sociabilidade na rua, que se torna para elas um espaço de liberdade. A família de origem usualmente era sinônimo de violência, negligência, maus tratos, ou simplesmente, ausência de perspectiva. Na periferia tudo é cinza. As crianças são atraídas pelas luzes do centro da cidade, pelo colorido, pela vida rica em estímulos.

Inúmeros projetos vêm sendo criados nos últimos anos procurando "solucionar o problema das crianças de rua". A princípio a idéia era simplesmente removê-los da rua. Levá-los de volta às suas famílias de origem. Caso não fosse possível, deviam ser encerrados em instituições para crianças abandonadas, ou para delinqüentes, caso houvesse registro de alguma transgressão.

Comunidades terapêuticas no interior do Estado de São Paulo (e também em outros estados) começaram a receber crianças como se fossem dependentes que precisavam passar por um processo de recuperação. Alguns municípios estabeleceram convênios com essas instituições. Outros criaram serviços de internação destinados a essa população. Na verdade, tratam-se de estratégias que reproduzem e mantêm a exclusão, sem de fato lidar com ela.

Com o crescente interesse por essa população e a atuação de entidades e organizações não-governamentais (ONGs), o Estatuto da Criança e do Adolescente (ECA) começou a ser divulgado e respeitado e, conseqüentemente, esses jovens, mais ouvidos. Educadores vão para as ruas junto com voluntários e agentes de ONGs procurar fazer vínculo, oferecer serviços e muito aprendem com essas pessoas. Projetos passam a desenvolver atividades durante o dia em espaços abertos. Alguns municípios se organizam e criam abrigos noturnos. Procura-se auxiliar essa população, fornecer-lhes documentos, a freqüentar postos de saúde, a voltar para a escola e a encontrar trabalho, enfim, torná-los cidadãos, com direitos e deveres.

Desenvolvem-se programas de reforço para que a criança/adolescente acompanhe e não desista mais uma vez da escola. Centros de convivência e/ou outros serviços oferecem atividades desportivas, oficinas, iniciação profissional em períodos alternados ao da escola. Esses jovens podem ocupadas com atividades que lhes interessam, sentindo-se valorizadas e desafiadas a crescer e produzir, em vez de perambularem pela ruas, de ficarem trancadas em casa sob a guarda de um irmão mais velho ou de trabalharem para o tráfico.

As crianças vão tendo a oportunidade de desenvolver seu potencial, de desenvolver competências, de se inserir produtivamente no mundo. Pesquisas do CEBRID – Centro Brasileiro de Informações (Noto & Alii, 1997) com crianças em situação de risco revelou que 88% já fez uso de alguma droga. Ao serem interrogadas sobre as atividades que gostariam de se dedicar, as respostas indicavam estudar e brincar, e não se drogar ou traficar como muitos supunham.

Nesses projetos exercita-se a cidadania. Incluídos, esses jovens passam a respeitar, colaborar, contribuir, enfim, a construir suas vidas com elementos diferentes da violência, do tráfico, do consumo de substâncias psicoativas. Crianças que antes dormiam nas ruas, começam a pedir para o educador um abrigo. Desperta-se o desejo de se cuidar a partir de um trabalho que valoriza o indivíduo, que lhe revela capacidades por meio da participação nas diferentes oficinas. A cada encontro com educadores há produção de subjetividade. Os arquétipos da *Grande Mãe* e do *Pai* podem ser humanizados e os papéis *fm* e *fp* podem ser estruturados.

É interessante ressaltar que o termo "crianças e adolescentes em situação de risco" não se restringe apenas às crianças provenientes de famílias de baixa renda que passam os dias na rua. Existem também crianças em situação de risco em famílias economicamente privilegiadas. Falta e excesso são, na verdade, pólos opostos da mesma questão. Ambos resultam em indivíduos com dificuldade em conviver com o real e lidar com adversidades de maneira criativa e saudável.

Entre as crianças e adolescentes onde predomina o excesso, há dificuldade em lidar com limites. É freqüente a ausência do espaço da falta, e sem falta, não há desejo. São adolescentes que crescem perdidos, sem conhecerem a si próprios, pois foram poupados de tarefas heróicas que conferem identidade ao sujeito. As dificuldades foram mascaradas desde cedo pelo aparato montado para ajudá-las. Desafios não enfrentados, frustrações não vividas, acabam gerando falta de convicção interna de que são capazes, de que podem suportar conflitos, elaborar perdas e resistir a fracassos.

Muitos desses jovens não desejam, seguem por inércia. Nunca enfrentaram suas fraquezas e descobriram seu potencial. Muitos sentem-se tão superprotegidos que consideram-se inatingíveis, identificam-se com o arquétipo do *herói*, com deuses que tudo podem. Esses indivíduos têm dificuldades em ser incluídos, pois se excluem ao sentirem-se superiores. Na verdade, como descreve Jung em sua teoria dos complexos, não existe complexo de superioridade, mas sim complexo de inferioridade, e o indivíduo, reativamente, se põe por cima. A adolescência prolongada, cada vez mais comum na atualidade, em que o jovem é um eterno estudante, pois finda a faculdade vem o mestrado, sucedido pelo doutorado e etc., acirra essa questão. Esses indivíduos nunca alcançam a perfeição almejada e tampouco são capazes de responderem por si no cotidiano.

Assim, se de um lado temos crianças e adolescentes que não podem falhar para sobreviver às adversidades que enfrentam na rua e usam cocaína para ficar acordadas à noite e cola para matar a fome de dia, de outro, temos jovens que não têm condições de enfrentar dificuldades básicas inerentes ao cotidiano, muito menos responder às expectativas de sua família, pois foram poupados de experiências importantes no seu desenvolvimento. Uns vão para a vida muito cedo, tendo que assumir riscos e responsabilidades muito acima do que deveriam, mal podendo usufruir das brincadeiras da infância, outros não conseguem desempenhar o papel de adulto. Nos dois casos os arquétipos da *Grande mãe* e do *Pai* não foram bem estruturados, sendo contemplado apenas um pólo, o primeiro suprime a vivência de filho, o segundo, aprisiona nesse papel.

A complexidade da questão denuncia a necessidade de uma rede de serviços articulada, composta por diferentes setores: educação, saúde, bem-estar social, justiça, cultura, esportes, etc. para dar conta da tarefa. Os serviços disponíveis em um município devem ter um grau mínimo de articulação. O educador faz vínculo, encaminha para ambulatório, o indivíduo passa a freqüentar o serviço e deve ser estimulado a participar de outras atividades fora da instituição. O tratamento médico é a menor parte. O desafio é a reinserção, é a possibilidade de o indivíduo integrar-se e descobrir seu potencial e desenvolvê-lo.

Para isso as atividades devem ser planejadas em função das necessidades e características dessa população, devem fazer sentido e interessar ao paciente e não responder à angustia e aos valores morais da equipe. Atividades que proporcionam a expressão artística são mais uma vez instrumentos ricos. Oficinas desenvolvem diferentes habilidades e oferecem meios para expressar o indizível. Freqüentemente descobrem-se produções que poderiam ser exibidas a um grande público. Paulo Freire (1997) já dizia que "boniteza e decência" têm que andar de mãos dadas. A estética valoriza a produção do indivíduo. Os conflitos que eram atuados e perpetuados no uso de drogas podem ser expressos e quem sabe, nomeados. Através do convívio esses indivíduos aprendem a falar de si. É um trabalho de humanização dos arquétipos que antes se apresentavam de forma bruta, pois não havia mediadores disponíveis para humanizá-los: pais ou representantes ausentes ou identificados com esses arquétipos. O comportamento disruptivo, manifestado pela fuga para a rua, pela transgressão e/ou abuso de drogas, revela o aspecto saudável dessas crianças que partem em direção à vida. Encontram nos projetos educadores que desempenham funções básicas não vividas na primeira infância. É possível começar a humanizar os arquétipos e o indivíduo se desenvolver de forma criativa, em direção a si mesmo.

Encerrar essa população em instituições fechadas é privá-la dessa oportunidade de desenvolvimento; é abortar a expressão de denúncia de uma sociedade contraditória; é esconder um pólo para exibir apenas o outro; é a manifestação da *sombra* coletiva de uma sociedade que não tem coragem de enfrentar a complexidade das questões que a própria existência engendra.

Uma criança que cumpre medidas judiciais como a de Liberdade Assistida[3] tem a possibilidade de reparar seu erro e aprender com isso, podendo integrar e elaborar a *sombra*. É uma oportunidade de se relacionar com o outro como igual, tendo que pagar pelo que fez de maneira construtiva. É uma ação visando a alteridade. No entanto, o infrator que é encerrado na FEBEM (Fundação do Bem Estar do Menor do Estado de São Paulo) provavelmente está condenado a repetir e perpetuar esse mecanismo de violência e exclusão, o conflito entre o opressor e o oprimido.

Para a reinserção é necessária uma rede de atendimento, pois não se trata de uma seqüência linear, encadeada e previsível, mas de uma série de possibilidades. Cada percurso determina um trajeto, preservando a individualidade. Diferentes serviços devem coexistir, pois as pessoas são singulares e as demandas, distintas. O importante é a articulação entre eles, a comunicação e o respeito pelo trabalho do outro. Para tanto é necessário conhecer os serviços existentes, ter claro qual a proposta de intervenção, os critérios de inclusão, de encaminhamento e os limites da instituição. Os profissionais devem conhecer a própria instituição para poder divulgá-la ao se informar sobre o funcionamento do serviço do colega. Essas informações são fundamentais para estabelecer

---

[3] Liberdade Assistida é uma medida sócio-educativa determinada pelo juiz em que o adolescente é acompanhado por uma equipe por um determinado período.

com o paciente seu processo terapêutico, evitando encaminhamentos mal sucedidos ou duplicidade de intervenção. Quando essa articulação inexiste é comum a mesma família ser visitada por assistentes sociais de vários serviços com o mesmo objetivo. Apesar de imprescindível para um trabalho eficiente, na prática, essa articulação não é tão óbvia.

O Projeto Quixote, criado para atender crianças e adolescentes em situação de risco, principalmente no que diz respeito ao abuso de drogas, através do contato com essas crianças certificou-se que o menor problema que enfrentavam era a dependência de drogas. Além de desenvolver diversas atividades diretamente com as crianças e adolescentes, o Projeto Quixote promove cursos de capacitação para que os profissionais envolvidos na assistência dominem o mesmo vocabulário e compartilhem da mesma concepção dessa questão. Essas capacitações propiciam aos profissionais conhecerem-se e encontrarem-se, fortalecendo assim as trocas que formam a *Rede*. Cursos e supervisão para que os profissionais promovam ações visando a resgatar o direito desses jovens crescerem e terem uma vida mais digna são atividades que precisam ser estimuladas.

Alguns municípios investiram em capacitação visando ao estabelecimento de uma *Rede* em que os cuidados se iniciam com a prevenção nas escolas e nos serviços que as crianças e adolescentes freqüentam, passando pela conscientização da rede básica de saúde, no sentido de detectar e encaminhar os problemas existentes, até o tratamento específico desenvolvido por equipe treinada em ambulatórios, podendo ainda contar com atividades culturais e esportivas visando a reinserção de dependentes.

O Projeto Quixote procura mudar o olhar: de meninos de rua, passam a ser chamados de crianças em situação de risco; de "laranjas podres" que devem ser afastadas e punidas, tornam-se pessoas que têm história, desejos, sonhos e necessidades. Fazer com que os profissionais enxerguem a criança ou o adolescente, em vez de se relacionarem com eles por meio de uma série de preconceitos, é a tarefa inicial. Somente a partir daí é possível pensar em estratégias de intervenção eficazes, quer sejam de prevenção ou tratamento, quando este é necessário.

Os serviços que atendem a crianças e adolescentes em situação de risco freqüentemente reproduzem o que acontece nas escolas públicas. Fazem parte de instituições que se encontram engessadas pela burocracia. Os técnicos que ao entrarem em contato com as crianças, ativam a "criança" dentro de si, vivem momentos de muita angústia. Deparam-se com uma tarefa que parece impossível: respeitar a criança com sua dinâmica, seus desejos, enfim, com a vida que lhe é inerente e o dever de "encaixá-la" nas regras das instituições nas quais trabalham ou para as quais devem encaminhá-los.

O grande desafio é conseguir uma instituição flexível o suficiente, que permita a pluralidade, que não

castre o crescimento de seus membros, e que pelo contrário, incentive seu desenvolvimento. Aí aparece a grande
dificuldade da alteridade: conviver com o outro, que é
diferente justamente por ser outro; ser confrontado; tolerar conflitos inerentes às diferenças; enfim, estar sempre
aberto para o novo. A instituição facilmente se cristaliza
no papel *Senex* e se a meta for a individuação, o diálogo
com o *Puer* tem que ser ininterrupto.

No trabalho com profissionais que lidam com crianças em situação de risco, abrir espaço para falarem de
suas vivências no trabalho é o principal instrumento.
Reuniões para discutir casos, tempo para estudarem, tro-
carem experiências devem fazer parte da própria rotina
de trabalho. Supervisão como espaço para parar e refletir,
definir estratégias, esclarecer dúvidas, compartilhar problemas e angústias é também fundamental. A troca de
experiências, a possibilidade de ser ouvido, diminui a
ansiedade, cria cumplicidades, fortalece vínculos e reforça o fio que tece a *Rede*.

Ao resgatar em si o particular, ao perceber que existe
espaço para ser acolhido, respeitado e valorizado, passa
a ser possível para o profissional valorizar as especificidades da população com quem trabalha e lutar para
legitimar espaços abertos, instituições com mais critérios
de inclusão e não de exclusão. Os técnicos sentem-se
mais fortalecidos para sair das "urgências", das respostas
estereotipadas ou da burocracia, passando assim a pla-
nejar atividades, reestruturar seu serviço, criar projetos.
O conflito *Puer X Senex* deve ser elaborado indivi-

dualmente, na vivência do técnico para que ele possa trazer o novo para o grupo e para a instituição.

Hillman (1980) relata episódio da mitologia grega que não deixa de ser um paralelo interessante a essa concepção de *Rede* que visa a inclusão do farmacodependente: Atena, a filha saída da cabeça de Zeus, exibe a necessidade persuasiva da razão, combinando razão e lógica com necessidade. Segundo Hillman, o artesanato de Atena é o paradigma usado por Platão para a arte da política: *"Platão diz que Atena governa as artes das necessidades diárias da vida. A inclusão do que exorbita e do anormal através da tessitura, eis a arte da consciência política... Tal tessitura não se resume à colcha de retalhos, à tábuas pregadas, couro cerzido, buracos tapados. Não se trata de fazer consertos, nem colagem. Não é uma atividade casual, isenta de necessidade interior. Ao contrário, arte de Atena é a arte de entrelaçar os elementos, e, sendo sua própria pessoa uma combinação de razão e necessidade, sua arte produz uma peça de tecido completa"*. A partir da arte de Atena, nada é excluído, sendo a integração uma norma ideal. Atena dá uma solução ao problema de Orestes, designando um lugar para as Eríneas. As velhas Fúrias são integradas, nada ficando de fora.

Segundo esse paralelo traçado por Platão, Atena tece incluindo aquele que não tem lugar, como no caso das Eríneas. É esse o desafio quando se pensa em intervenção em farmacodependência: tecer uma *Rede* em que haja lugar para a diversidade, para o que a "normalidade" exclui por ser fora da norma. Não se trata de fazer remendos, tapar buracos, mas sim de criar nova consciência política, regida por Atena, que integra toda a comunidade, onde todos estão implicados, onde há lugar para a individualidade de cada um e ao mesmo tempo, para a possibilidade de troca e de convívio com o outro, sem exclusão.

4.5. Prevenção do uso indevido de drogas

A partir das considerações a respeito do uso de substâncias psicoativas, da farmacodependência e de estratégias de intervenção, fica evidente que a questão da prevenção do uso indevido de drogas é complexa.

Prevenção pode ser dividida em primária, secundária e terciária. A primária pode ser definida pelo conjunto de ações que procuram evitar a ocorrência de novos casos de uso abusivo de psicotrópicos ou até mesmo um primeiro uso. Prevenção secundária é o conjunto de ações que procuram evitar complicações para as pessoas que fazem uso ocasional de droga que apresentam um nível relativamente baixo de problemas. A prevenção terciária, por sua vez, é constituída pelo conjunto de ações que, a partir de um problema existente, procura evitar prejuízos adicionais e/ou reintegrar na sociedade os indivíduos com problemas sérios. Também busca melhorar a qualidade de vida dos usuários na família, no trabalho e na comunidade de forma geral (OMS, 1992).

Na verdade, considerando o trabalho em *Rede* acima descrito, pode-se afirmar que, em alguns momentos, as estratégias de prevenção e tratamento se sobrepõem. De certa forma, prevenção secundária e terciária estão contempladas nesse conceito de *Rede*.

Partindo do tripé drogas, indivíduo e sociedade descrito por Olievenstein (1990), podemos pensar em ações preventivas em três dimensões. Na primeira, a atenção volta-se para a droga, portanto, cabe a repressão; medidas que visem a diminuição e regulamentação da oferta do produto, e discussão sobre legalização e descriminalização das substâncias psicoativas. Apesar de serem assuntos que dizem respeito à instâncias como poder legislativo ou judiciário, na verdade, essas questões se fazem presentes no cotidiano, nos princípios que cada um segue, nas regras da família, da escola, enfim, da comunidade. Cabe a cada instância ser coerente e fazer valer suas regras.

A segunda dimensão diz respeito ao indivíduo. Prevenir significa formar jovens menos vulneráveis à dependência de drogas. Na infância, sabemos que se o exibicionismo da criança for refletido de modo adequado, isto é, se ela se sentir efetivamente vista e ouvida, uma relação saudável entre ego e Self pode começar a formar-se. O ego em crescimento adquirirá um sentido de poder e de eficácia no mundo (Schwartz-Salant, 1982). É o estágio espelho bem sucedido, onde a criança adquire a imagem de si, diferente do "espelho quebrado" descrito por Olievenstein (1983). Dessa maneira pode-se afirmar que prevenção começa já na primeira infância. Toda vivência visando a constituição de um ser com identidade própria, na verdade, é prevenção da forma mais genuína. Isso se traduz, por exemplo, na criação de condições para o exercício dos papéis M (dinamismo matriarcal) *e* P (dinamismo patriarcal) nas polaridades passiva e ativa, na medida em que essas vivências vão dar subsídios para que o indivíduo seja capaz de agir como "mãe " e "pai" de si mesmo. Considerar crianças e adolescentes como sujeitos que, conforme vão crescendo, mais direito adquirem de decidir sobre suas vidas, arcando com responsabilidade sobre seus atos, é fundamental. Para se importarem com conseqüências e desejarem preservar-se, necessitam acreditar que fazem diferença no mundo. Do contrário não faz sentido cuidar de si, crescer e se desenvolver, apenas o prazer imediato é que é relevante.

Pode-se afirmar que prevenção é toda ação que vise ao desenvolvimento integral do adolescente, que estimule sua criatividade e seu potencial para que consiga conviver com as adversidades sem ter que usar a droga como anestésico, como "alimento" ou como substituto de vínculo afetivo. Trata-se de criar perspectivas, alimentar sonhos e projetos a serem executados, auxiliando os jovens a encontrar sentido na vida. Por isso é importante desenvolver competências para que esses indivíduos saibam tomar decisões. As ações que contribuam para o desenvolvimento de competências podem ser fundamentais para a prevenção, como os quatro pilares para a educação propostos pela UNESCO – United Nations Educational, Scientific and Cultural Organization (Assis, 1998): aprender a ser, aprender a conviver, aprender a fazer e aprender a conhecer.

A terceira dimensão apontada por Olievenstein diz respeito ao contexto sociocultural. Caracterizada pela falta de rituais iniciáticos e marcada pela crise econômica, falta de perspectiva de trabalho, condições de vida precárias, violência, tráfico, a sociedade atual é propícia para a expansão do uso indiscriminado de drogas. Faz-se necessário abrir espaço para o pólo oposto, investindo nas instituições, em profissionais mais sensíveis, qualificados e disponíveis, capazes de valorizar a importância do vínculo com o adolescente.

O conceito de *Rede* faz-se evidente, na medida em que oferece espaços múltiplos de convivência, ambientes protegidos; serviços de qualidade e favorece projetos que visam a dar oportunidades ao jovem, proporcionar espaço para lazer, enfim, propiciar condições para que direitos e deveres possam ser exercitados e o desenvolvimento integral do adolescente estimulado. É necessário desenvolver ações que visem a inclusão, que estimulem a participação ativa, o protagonismo juvenil e o exercício da cidadania. O adolescente que se sente respeitado, valorizado e capacitado tem menos chances de ficar preso no círculo vicioso da dependência.

A forma mais eficiente de se estruturar atividades preventivas é através de projetos de prevenção, inseridos em programas que, por sua vez, façam parte de uma política mais ampla. A prevenção deve ocorrer ao longo do tempo, e não ser uma atividade única, isolada e desconectada de um todo. É possível desenhar projetos que concentrem as atividades em uma das três dimensões descritas. No entanto, utilizado um referencial sistêmico, a interação fica evidente. As ações acontecem nas diferentes instâncias, concomitantemente e devem se somar. Como discutido anteriormente, não é possível estabelecer uma relação causal quando se trata de farmacodependência, o que inviabiliza projetos de prevenção lineares, que buscam eliminar o vetor da doença, como no caso da dengue: elimina-se o mosquito e acaba-se o risco de transmissão.

No entanto, essa visão simplista e determinada em acabar com as drogas ainda têm muitos adeptos. Inúmeros modelos de prevenção ao uso indevido de drogas vêm sendo desenvolvidos desde a década de 80. Os primeiros modelos visavam a prevenção primária, tinham como objetivo evitar o uso, incluindo a experimentação de qualquer substância psicoativa. Com o tempo os profissionais responsáveis por esses programas de prevenção perceberam que essa meta era inatingível. A proliferação do HIV entre usuários de drogas e seus parceiros e a conseqüente criação da política de redução de danos mudou o centro das atenções. Ao invés do foco ser evitar o uso, traduzido por "nunca experimente nenhuma droga", o objetivo das ações preventivas passou a ser o desenvolvimento de estratégias que visem a diminuir os riscos inerentes a um eventual consumo.

Carlini-Cotrim (1993) faz uma síntese dos modelos de prevenção mais divulgados e aponta como esses modelos seguiam freqüentemente as ideologias de tolerância ou intolerância que regia a época em que foram criados.

De pressupostos baseados na moral e, posteriormente, na de dependência como doença, inúmeros modelos de prevenção foram desenvolvidos. Ao se verificar a ineficácia de dizer aos jovens que não deveriam usar drogas porque "não pegava bem" (*modelo moral*), a tendência foi mostrar que não deveriam consumir essas substâncias porque não era bom para a saúde. Surgiu então o *modelo do amedrontamento*, que, apesar de criticado, ainda é popular e usado em campanhas até hoje. Tenta-se convencer pelo exagero, por mostrar apenas as conseqüências adversas do uso de drogas. No entanto, o que se verificou com campanhas que utilizaram esse modelo é que justamente a população de risco não era atingida. Adolescentes procurando a vivência do limite, identificados com o arquétipo do *herói*, logo retrucavam dizendo que com eles nada aconteceria ou logo lembravam-se de algum amigo usuário que desmentia a informação. Assim passou a ganhar forças *o modelo de informação científica*, em que as informações eram fornecidas sem negar o prazer que as substâncias provocam. Isolado, esse modelo também não foi eficiente, pois informação não muda comportamento por si só. Além disso, adolescentes mais cautelosos, inseguros, ao conhecer mais sobre as drogas, sentiam-se mais instigados a experimentá-las. Surgiram então propostas centradas no indivíduo, como o *modelo afetivo*, que visa a aumentar-lhe a auto-estima. O vínculo com o adolescente passa a ter prioridade. Outras idéias surgiram. *Oferecimento de alternativas*, incentivando outras atividades que dão prazer, foi um modelo bastante divulgado, assim como estimular *vida saudável* entre os adolescentes, inspirado no movimento ecológico vigente. Alternativa popular nos Estados Unidos, também foi aplicada no Brasil, é o *modelo de pressão de grupo positiva*. Capacita-se um grupo de adolescentes que se tornam "monitores" ou "agentes de prevenção", responsáveis por convencer colegas a não usarem drogas. No entanto, apesar da pluralidade de modelos, pesquisas revelaram que nenhum deles mostrou-se eficiente por si só (Klitzner, 1992) evidenciando-se a necessidade de se criar fórmulas mais eficazes.

O modelo sistêmico (Klitzner, 1992), que procura valorizar ações em diferentes instâncias, uma vez que compreende o uso de drogas como um fenômeno complexo que envolve um indivíduo com suas características biológicas e psicológicas em interação com o meio ambiente, é mais realista, assim como a política de redução de danos. Como as características da população-alvo dos projetos de prevenção diferem, o contexto muda e a composição da droga também transforma-se com o tempo, o desafio é permanente. Não é possível criar um modelo único e estático. Na verdade, é necessário conhecer a especificidade da população-alvo e usar estratégias propostas pelos modelos acima descritos conforme a demanda, para se elaborar um programa específico para determinada população-alvo. As diferentes estratégias podem ser associadas e combinadas de acordo com a necessidade.

Ao se elaborar um Projeto de prevenção, deve-se identificar o problema e as características específicas da população-alvo para então desenvolver um programa com estratégias viáveis, dentro de cronograma e de orçamento possível de ser executado. Medidas de avaliação do impacto do projeto e do seu desenvolvimento, que possibilitem reformulações, adequações no meio do caminho se forem necessárias, são requisitos essenciais de um projeto. É importante a participação da população-alvo no processo, pois trata-se de um exercício dialético, de fazer o outro refletir, pois apenas a troca efetiva (e afetiva) transformam. Esses projetos podem e devem ser desenvolvidos em escolas, empresas, na mídia, enfim, todo segmento pode contribuir para a prevenção dentro da sua especificidade.

Na escola, por exemplo, é fundamental trabalhar a relação educador/aluno. É importante capacitar professores, funcionários e a direção da escola de maneira a conscientizá-los de que todos são educadores, e portanto, agentes de prevenção. Até os próprios alunos podem ser incluídos. Aliás, a participação ativa dos adolescentes tem muito a contribuir para a eficácia da intervenção.

Em local de trabalho também podem ser desenvolvidos projetos de prevenção eficazes. Ações que contribuam para tornar o ambiente de trabalho mais agradável, que facilitem a comunicação entre as pessoas, que valorizem o trabalhador, enfim, atividades que ajudem o indivíduo a não precisar se drogar para se anestesiar da vida podem ser consideradas prevenção sem sequer abordar diretamente o tema "drogas". É importante, no entanto, capacitar pessoas-chave no local de trabalho para que tenham condições de orientar e encaminhar os que enfrentam dificuldades relacionadas ao uso de substâncias psicoativas, antes que isso comprometa seu desempenho.

Os meios de comunicação podem colaborar apresentando situações que estimulem o diálogo e a reflexão sobre o tema. Na família, a comunicação tem papel fundamental. Pais que respeitem as diferenças, estejam abertos ao diálogo, que consigam tolerar conflitos e acompanhar mudanças que indicam transformação só têm a contribuir com a prevenção. Poder acolher a angústia do filho, respeitar a vivência do outro sem impor a sua, manter um vínculo baseado na confiança recíproca, são atitudes indispensáveis para que o adolescente sinta-se amado por ser quem é e acompanhado nesse processo de transformação que enfrenta, sem contar com rituais para ajudá-lo na passagem para a vida adulta. No entanto, há pais que projetam nos filhos sua realização, que investem cegamente na sua educação e não enxergam os filhos tais como são, com suas potencialidades e dificuldades, qualidades e defeitos. Esses jovens carregam uma carga de expectativas muito alta e não sobra espaço para sua singularidade. São os filhos da coruja que podem ser presa fácil da águia.

Outro fator que contribui na dinâmica das dependências, é que além de pais que idealizam os filhos e não conseguem vê-los tais como são, há filhos que idealizam seus pais e não conseguem romper com esta imagem e trilhar seu próprio caminho. Assim, projetos de prevenção deveriam favorecer a transformação, a abertura de espaço para o novo, oferecendo um campo de batalha para o *herói* poder se exercitar. Há pais que temem se aposentar e mantêm os filhos como dependentes eternos. São adultos que não conseguem deixar terreno para os jovens. Esses, ficam sem espaço para sua jornada heróica e apelam para o extremo. Essas situações favorecem o uso indevido de drogas ou outros comportamentos similares, que em vez de auxiliarem o indivíduo em sua jornada, funcionam como anestésico, como instrumento de alienação.

Assim, a prevenção está no cotidiano, no olhar, na atitude. Prevenção não é domínio exclusivo da escola, nem da família ou da empresa, mas tarefa que compete a todos e envolve a comunidade. Prevenção é trabalhar com a possibilidade de troca, real e efetiva. Saber conviver com o diferente é tarefa difícil para o adulto, mas fundamental se queremos adolescentes saudáveis, que consigam suportar frustrações e lidar com adversidades. Dessa forma, prevenção não fica tão impossível e tampouco inacessível. Deixa de ser domínio unicamente de especialistas. Pequenas ações corriqueiras têm potencial preventivo que o adulto (educador) muitas vezes não suspeita. Não imagina a importância de pequenos gestos no dia a dia para o menino que atende/educa/encontra/convive. Através da relação há produção de significados e formação de vínculos que deixam pequenas marcas. Cada marca registrada em outra língua diferente da linguagem da indiferença ou violência, preenche a vida do adolescente com outros conteúdos que não os da disputa, da luta cruel ou da depressão. É isso que é prevenção no seu sentido mais profundo. É o adolescente sentir que ele faz diferença no mundo, que é querido, que sentem sua falta, que se importam com ele, que tem um futuro pela frente e que, portanto vale a pena fazer um sacrifício, abdicar do prazer imediato em troca de algo melhor no futuro. Esse registro é decisivo, pois pode fazer com que o tiro não seja disparado, que o cachimbo não seja aceso, enfim, dá lugar ao desejo de vida e não de morte.

Boustany (1993) fala da droga para aliviar angústia da existência humana. Quando se pensa em prevenção, o desafio é encontrar outras maneiras de tornar essa angústia suportável, visando a transformação e não a alienação. Prevenção ao uso indevido de drogas é, na verdade, toda e qualquer ação que contribua para que o indivíduo possa caminhar, passo a passo, fazendo escolhas mais conscientes. A droga pode ser utilizada como ritual de passagem. O que importa é a capacidade do indivíduo encontrar obstáculos e enfrentá-los, podendo até recuar para obter forças para avançar novamente, mas sem interromper a jornada devido ao abuso de uma substância entorpecente, que ilude, eliminando apenas na fantasia, o obstáculo.

5. Outros transtornos do controle do impulso

Comportamentos tais como comer, fazer sexo, comprar, apostar em jogos de azar, ficar horas a fio na Internet, praticar atividades físicas ou até mesmo trabalhar, também podem tornar-se excessivos e comprometer a qualidade de vida dos indivíduos de maneira semelhante ao uso indevido de drogas, podendo inclusive ser objeto de prevenção. Há estudos explorando uma variedade de substâncias (álcool, tabaco, cafeína e chocolate) e atividades (praticar exercícios físicos, assistir televisão, utilizar a Internet, jogar video games e apostar em jogos de azar) procurando identificar dependência a uma ou mais dessas substâncias ou comportamentos. Algumas correlações interessantes foram encontradas: homens eram mais propensos à dependência de tabaco, álcool, jogos de azar, televisão e Internet, ao passo que mulheres consumiam mais cafeína e chocolate (Greenberg, Lewis & Dodd, 1999).

Exercícios físicos, objeto de campanhas de prevenção ao uso indevido de drogas, como indica o slogan *Esporte não é droga. Pratique!* podem trazer prejuízos se não praticados adequadamente, diante do risco de criar padrão compulsivo. Pesquisas indicam que praticar *jogging* por exemplo, aumenta o nível de endorfinas, que por sua vez, aumenta a disponibilidade de dopamina, provocando bem-estar, um "natural high" (Holden, 2001). Há casos de indivíduos com lesões devido ao excesso da atividade física e que nem assim conseguem deixar de praticá-la. Esses indivíduos ficam irritados se privados de exercício, deixam de conviver com sua família, de se relacionar socialmente e de se ocupar com outras atividades em prol da atividade física.

Entre os transtornos alimentares, é crescente o interesse científico pelo "comer compulsivo". A pessoa ingere quantidades exageradas de alimentos como forma de aplacar angústia, ansiedade e/ou depressão, como se quisesse literalmente preencher um vazio interior. Estudo realizado com essa população verificou menor disponibilidade de receptores de dopamina, uma anomalia também encontrada entre dependentes de drogas. A deficiência de dopamina em indivíduos obesos poderia favorecer o comer patológico como forma de compensar a deficiência (Holden, 2001).

Sexo compulsivo também tem sido objeto de recentes estudos. Trata-se de um quadro onde o indivíduo não consegue desligar seus pensamentos e fantasias de atividades sexuais. Passa o dia planejando, fantasiando encontros e arriscando-se em relações com pessoas que mal conhece. Alguns correm riscos cada vez maiores para manter o obter efeito, de forma semelhante ao fenômeno de tolerância observado entre usuários de drogas (Feray & Cordier, 1994). Os parceiros fixos não acompanham a atividade e o indivíduo acaba se prejudicando em diferentes esferas da vida.

A oniomania, comprar compulsivamente, é um transtorno mais freqüente entre as mulheres, que gastam além do que podem, endividam-se devido à falta de controle. Principalmente quando ansiosas, entram em lojas e compram compulsivamente, quantidades superiores à sua capacidade de utilizar os bens adquiridos. É um gesto quase mecânico, impulsivo, do qual se arrependem depois.

Pessoas que fazem uso excessivo da Internet apresentaram alto índice de sintomas depressivos, associados a prejuízo social, financeiro e ocupacional. Pesquisa realizada com um grupo de usuários excessivos de Internet mostrou que esses indivíduos preenchiam critérios para *Transtorno do Controle do Impulso não especificado e outro lugar* tal como definido pelo DSM IV (APA, 1994). No entanto, mais estudos são necessários para caracterizar esse comportamento como transtorno do controle do impulso (Shapira et. al., 2000).

Até assistir televisão em demasia tem sido alvo de discussão. Estudo relatou que pessoas apresentavam sintomas de abstinência quando deixavam de ver TV. Para um número cada vez maior de pessoas, a vida que levam nas telas parece ser mais importante, mais imediata e mais intensa do que a vida real. Quanto mais um indivíduo assiste TV, menor sua atenção e sua paciência com questões da vida cotidiana (Kubey & Csikszentmihalyi, 2002).

Com características de alguma forma semelhantes às dependências químicas, esses comportamentos parecem transtornos do controle do impulso e merecem atenção, não só pelo fato de serem ainda pouco estudados, mas também porque vêm aumentando sua prevalência. Trata-se de atividades que dão prazer e provocam alterações no sistema nervoso central. Estudos indicam ativação de circuitos de reforço quando esses comportamentos são praticados (Holden, 2001). Ao exercer essas atividades em excesso, o indivíduo pode encontrar um meio de escapar de vivências difíceis, como estados disfóricos, angústia e ansiedade. Freqüentemente, como os farmacodependentes, acabam encontrando um meio de alienação de si mesmos.

Não é à-toa que esses quadros parecem ser mais freqüentes no Ocidente, caracterizado por uma sociedade de consumo e marcado pela dissociação, em que há pouco espaço para o espiritual, para o *ser*. A própria cultura ocidental contribui para a baixa tolerância ao vazio existencial de cada um, preconizando a rapidez, a eficiência, o consumo em detrimento do respeito pela singularidade.

A impulsividade é um traço marcante nesses quadros, assim como a procura de sensações fortes, o que dificulta o exercício dessas atividades de maneira moderada. A mitologia grega já contava que toda Hybris leva a um castigo. Os excessos têm sido castigados pela culpa, depressão, desorganização da vida familiar, queda de desempenho no trabalho, entre outros. Enquanto praticam o comportamento a que se dedicam, perdem o controle, identificam-se com o arquétipo do *herói*, sem pensar nas conseqüências de seus atos. Aparece a dificuldade em aceitar limites, em sacrificar e escolher. Assim como o farmacodependente, querem tudo, já, aqui e agora. Possuídos por esses complexos, parece difícil aceitar a condição humana de incompletude e suportar privações.

Apesar de semelhanças entre os portadores desses transtornos, não é possível uniformizar esses quadros e dizer que se equivalem, que a principal diferença é o comportamento praticado em excesso. Na verdade, se há semelhanças na dinâmica, existem também diferenças. Eleger uma droga ilícita como droga de abuso é diferente de escolher uma droga lícita; que é diferente de praticar atividades físicas além do limite; de comer compulsivamente ou apostar em jogos de azar em excesso. Diferentes aspectos da história individual estão presentes e podem contribuir para o desenvolvimento de um quadro e não de outro. Para ilustrar semelhanças e diferenças com a farmacodependência, será discutido com maior detalhe o transtorno de jogo patológico.

5.1 Jogo patológico

Jogo patológico pode ser definido pela persistência e recorrência do comportamento de apostar em jogos de azar, apesar de prejuízos em diversas áreas da vida decorrentes dessa atividade. Custer (1984) descreve padrões uniformes e progressivos no jogo patológico, com complicações previsíveis. O jogo começa com pequenas apostas, normalmente na adolescência, sendo mais freqüente entre homens. O intervalo de tempo entre começar a jogar e perder o controle sobre o jogo varia de 1 a 20 anos, sendo o mais comum um período de 5 anos. É freqüente que as primeiras apostas tenham resultado em ganho de uma quantia expressiva de dinheiro. Três fases do comportamento de jogar são identificadas por Custer: 1) Fase da vitória: a sorte inicial é rapidamente substituída pela habilidade no jogo. As vitórias tornam-se cada vez mais excitantes e o indivíduo passa a jogar com maior freqüência, acreditando que é um apostador excepcional. Um indivíduo que jogue apenas socialmente geralmente pára de jogar aí; 2) Fase da perda: uma atitude de otimismo não realista que passa a ser característica do jogador patológico. O jogo não sai de sua cabeça e passa a ir jogar sozinho. Depois de ganhar uma grande quantia de dinheiro, o valor apostado aumenta consideravelmente na esperança de ganhos ainda maiores. A perda passa a ser difícil de ser tolerada. O dinheiro que ganhou no jogo é utilizado para jogar; em seguida, emprega o salário, economias e dinheiro investido; 3) Fase do desespero:

caracterizada pelo aumento de tempo e dinheiro gasto com o jogo e pelo afastamento da família. Um estado de pânico surge, uma vez que o jogador percebe o tamanho de sua dívida, seu desejo de pagá-la prontamente, o isolamento de familiares e amigos, a reputação negativa que passou a ter na comunidade, e, finalmente, um desejo nostálgico de recuperar as primeiras vitórias. A percepção desses fatores pressiona o jogador e o comportamento de jogar aumenta ainda mais, na esperança de ganhar quantia que possa resolver todos esses problemas. Alguns passam então a utilizar recursos ilegais para obter dinheiro. Nesta fase, é comum a exaustão física e psicológica, sendo freqüente a depressão e pensamentos suicidas.

Segundo os critérios diagnósticos do DSM-IV (APA, 1994), o jogo patológico é caracterizado pela persistência e recorrência do comportamento de jogar, indicado pela presença de ao menos cinco dos seguintes itens: (1) preocupação com jogo (preocupação com experiências passadas, especulação do resultado ou planejamento de novas apostas, pensamento de como conseguir dinheiro para jogar); (2) necessidade de aumentar o tamanho das apostas para alcançar a excitação desejada; (3) esforço repetido e sem sucesso de controlar, diminuir ou parar de jogar; (4) inquietude ou irritabilidade quando diminui ou pára de jogar; (5) jogo como forma de escapar de problemas ou para aliviar estado disfórico (sentimentos de desamparo, culpa, ansiedade, depressão); (6) depois da perda de dinheiro no jogo, retorna freqüentemente no dia seguinte para recuperar o dinheiro perdido; (7) mentir para familiares, terapeuta ou outros para esconder a extensão do envolvimento com jogo; (8) cometer atos ilegais como falsificação, fraude, roubo ou desfalque para financiar o jogo; (9) ameaçar ou perder relacionamentos significativos, oportunidades de trabalho, educação ou carreira por causa do jogo; (10) contar com outros para prover dinheiro para aliviar situação financeira desesperadora por causa do jogo. Observa-se que os critérios para classificação de jogo patológico são semelhantes aos critérios para diagnosticar dependência química.

O primeiro serviço criado especificamente para jogadores patológicos foi criado nos Estados Unidos, em 1968 (Petry, 1999), mas na literatura psicanalítica há referências anteriores sobre jogo patológico e seu tratamento (Freud, 1928/1969; Bergler, 1957). Entretanto, muitos jogadores patológicos ainda não procuram ou recebem tratamento, aliás nem imaginam que possam beneficiar-se de estratégias terapêuticas. Mesmo em populações onde a comorbidade é alta, como entre dependentes químicos (Crockford & el-Guebaly 1998), jogo patológico permanece em larga escala não diagnosticado e não tratado.

Existem poucos estudos controlados sobre tratamento e diferentes abordagens são descritas na literatura. Abstinência não é necessariamente o objetivo do tratamento, mas sim o autocontrole. Abordagens psicodinâmicas e terapias cognitivo-comportamentais têm sido relatadas, bem como intervenção familiar e farmacoterapia (Petry & Armentano, 1999). Grupos de Jogadores Anônimos (J.A.), freqüentes em outros países, vêm sendo criados recentemente em diversas cidades brasileiras.

Estudo sobre características de personalidade de jogadores patológicos brasileiros através do teste de Rorschach (Silva, 1999) verificou que os jogadores observam o ambiente de modo negligente e superficial e tomam decisões precipitadas. São indivíduos que conhecem as regras sociais e mostram-se dispostos a segui-las na vida diária. No entanto, alguns sujeitos mostraram falhas no pensamento que revelam imaturidade. Não conseguem avaliar a probabilidade de ganhar ou perder, nem levam em conta as conseqüências, apenas pensam na oportunidade de apostar e na expectativa de ganhar. O pensamento é usado de maneira pouco construtiva, refugiam-se na fantasia. A maioria dos sujeitos apresentou prejuízo da capacidade de controle e tolerância ao estresse, o que reflete em maior vulnerabilidade à impulsividade. A evitação foi um mecanismo de defesa bastante presente. Muitos sujeitos defendem-se evitando situações que lhes trazem dificuldades. Experimentam emoções negativas como solidão, ansiedade, raiva e estresse e envolvem-se pouco com situações afetivas. Alguns sentem o afeto de modo mais intenso do que a maioria das pessoas, indicando labilidade emocional e déficit de recursos para regulação do afeto. Comportamento impulsivo é ego sintônico e muitos sujeitos apresentaram dificuldades no sentimento da identidade, sentindo-se com baixa auto-estima ou excessivamente autocentrados, intensamente preocupados consigo mesmos. A fantasia de poder e controle aparece como defesa frente ao sentimento da baixa auto-estima.

Levando em consideração a inexistência de serviços para jogadores no Brasil e o crescente número de casas de jogos, principalmente de video pôquer e de bingo, em 1994 foi criado o Ambulatório do Jogo Patológico no PROAD/UNIFESP (Oliveira, Borges & Ribeiro, 1996). Nesse programa os pacientes passam por entrevista inicial e, posteriormente, por avaliação médica. Alguns jogadores necessitam fazer uso de medicação e são acompanhados clinicamente. Psicoterapia de grupo tem sido a estratégia escolhida para a maioria dos pacientes e psicoterapia individual tem sido indicada apenas para jogadores mais mobilizados ou em casos mais graves. Orientação familiar tem sido ferramenta importante e há ocasiões em que se indica psicoterapia familiar de abordagem sistêmica.

Seguindo uma abordagem psicodinâmica, os grupos terapêuticos auxiliam o jogador patológico a criar um espaço onde sentem-se acolhidos e têm a possibilidade de falar de si. Nesse grupo jogadores compartilham experiências, sofrimentos e ao mesmo tempo, encontram a possibilidade de sair do isolamento social em que se encontram. Os conflitos são trabalhados e o grupo procura ajudar o jogador a desenvolver estratégias para parar de jogar e a encontrar alternativas ao prazer e/ou à anestesia provocados pela atividade de apostar.

Com o propósito de ilustrar o processo vivido pelos jogadores ao participarem do grupo de psicoterapia, a partir do registro escrito das sessões foram levantados assuntos recorrentes agrupados em temas e apresentados a seguir, exemplificados por falas de pacientes extraídas das sessões.

Nas primeiras sessões os jogadores geralmente apontam os motivos que os levaram a pedir ajuda. Pressão familiar e financeira são os aspectos mais citados:

> *"Tenho minha esposa que tomou tudo de mim. Estava endividado em R$ 7.000,00 no Banco. Eu dividi em 24 vezes. Minha mulher tomou meu cartão. Aí quando ela me dava o cartão eu gastava tudo. Mas agora estou sem dívida. Não posso continuar jogando, senão perco minha esposa. Faz trinta anos que a gente está junto."*

> *"Eles foram no meu trabalho me pressionar. Eu comecei trocando cheques; deu R$ 10.000,00. Aí eu sustei os cheques, foi aí que ele me pressionou."*

Com o desenrolar das sessões, os jogadores passam a descrever sentimentos associados ao jogo, pensamentos recorrentes de voltar a apostar na tentativa de recuperar o dinheiro perdido, desejo de jogar e o isolamento em que se encontram:

> *"Eu joguei durante muito tempo, mas eu me sustentava; até o momento que eu tirei di-*

nheiro dos outros para sustentar o jogo. Aí eu jogava para tentar recuperar minha família, porque se eu ganhasse eu teria eles de volta."

"Hoje eu estava procurando meus cartões de crédito que meu marido escondeu de mim e para mim, porque fui eu que pedi, quando eu achei o cartão e o dinheiro. Quando achei, fiquei suando, tremendo, e liguei para o Júlio chorando perguntando se ele vinha para o PROAD. Aí eu guardei de volta o cartão e vim correndo. Não sei se chorei de alívio ou de tristeza de não ter pegado o dinheiro."

"Eu sinto que estou me fechando. Outro dia fiquei das 7 h da noite às 4 h da manhã vendo pessoas jogando. Não queria amolação em casa, minha esposa viajou, o filho dela estava em casa. Queria ficar anestesiado, ver máquina, número."

O grupo discute essa necessidade incontrolável de jogar e, intrigados, começam a tentar identificar motivos que os levavam a jogar. Seguem os principais motivos geralmente apontados:

Solidão

"Eu vou no bingo porque eu me sinto muito sozinha, eu não tenho ninguém. Então eu vou para lá para falar com pessoas, eu acho."

Tempo ocioso

"— Por que você foi para o jogo?

Com a minha aposentadoria, não tinha nada para fazer."

Depressão

"Eu sou uma pessoa alegre, mas quando entro em casa me dá tristeza. De quatro anos para cá fiquei relaxada, perdi o gosto pelas coisas. Hoje meus filhos me cobram quando a comida não está boa. Quando chego em casa, sinto dor em tudo. É terrível encontrar meu marido. Essa é minha fuga para não encontrá-lo."

"Carências"

"O jogo parece conseqüência das minhas carências. Se eu solucionasse estas carências, eu acho que não jogaria. Semana passada eu saí daqui me sentindo péssima de estar usando este tempo aqui para atrapalhar os outros, para contar os meus sonhos. Saí daqui e fui para o bingo."

Fugir de conflitos

"Sábado eu tive uma discussão com meu filho, fiquei deprimida e fui até o bingo. Mas aí eu decidi e voltei para conversar com ele e resolver isto ."

Ao ir identificando fatores associados a ir jogar, o grupo passa a entrar em contato com situações difíceis de lidar. Um tema que aparece constantemente é o conflito entre a fantasia de poder tudo (onipotência) e a paralisia representada pela vivência de impotência, como exemplificado a seguir:

> *"Fiz faculdade, tive convite para estudar fora. Aí me casei, tive quatro filhos, me matei para cuidar deles. E agora sou cuidada como inválida. Sumi três dias só para eles ficarem preocupados."*

> *"Eu tenho até vergonha de falar, mas a minha irmã está me dando cinqüenta centavos por dia, para eu comer um lanche."*

> *"A gente acha que todo mundo é muito bom e esquece da gente. Eu sou superagradável com todo mundo e esqueço de mim."*

Esse conflito aparece também disfarçado pela *Persona* do jogador:

> *"Uma vida é a de mentira, que sou rico, que vou para o bingo e me divirto. Outra é que estou endividado e sou compulsivo."*

As recaídas acontecem e mobilizam bastante o grupo:

> *"Eu tive uma recaída péssima. Joguei, pedi empréstimo, gastei o dinheiro do empréstimo. Agora eu não posso culpar ninguém, a culpa é só minha. Eu estou superdecepcionada comigo mesma. Agora eu vou trabalhar para pagar a dívida, o problema não é pagar, é a vergonha que eu sinto de olhar para o meu filho, para meu marido."*

> *"Eu tinha parado. Sábado joguei e ganhei, mas perdi tudo. Estava ganhando e aí pensei que se ganhasse, eu não precisaria contar aqui no grupo."*

A recaída e a presença de jogadores que freqüentam simultaneamente reuniões do J.A. (Jogadores Anônimos) provocam discussões normalmente acaloradas sobre a possibilidade de voltar a jogar controladamente ou da abstinência como única solução. A partir dessas discussões vai se evidenciando o objetivo da intervenção: mais importante do que a abstinência é a qualidade de vida do indivíduo. Isso significa estar se relacionando de forma mais verdadeira com o mundo e consigo mesmo. O grupo começa então a identificar novas perspectivas de vida, expressas por:

> *"Eu comecei a dizer não em casa e todo mundo assustou, porque eu nunca disse não."*

"Acho que jogar foi para mostrar que a gente pode viver com muito pouco."

"Estou saindo de casa. Mas é difícil ignorar trinta anos de convivência, eu preciso de independência, que antes eu não tinha, estou abrindo um negócio e tendo outra perspectiva de vida. O difícil é assumir essa posição."

"Estou com mais perspectivas. Fui viajar essa semana. Por ter parado de jogar (eu não iria em outras épocas) eu fui viajar, vieram me buscar em casa, não gastei um tostão."

"Tenho andado devagar. Para você ter idéia, eu comecei fazendo 100, 200 salgadinhos por semana. Agora estou fazendo 2.000. Esse final de semana eu saí para jantar com minha esposa e paguei. Vou comprar um carro essa semana."

"Eu estou trabalhando a todo vapor lá na paróquia. Eu chego em casa descadeirada. Eu estou indo duas vezes por semana, era para eu ir uma só, mas para não criar carambola na cabeça... Lá eu me ajudo, ajudo os outros."

Como exemplificado pelas primeiras falas, os jogadores chegam ao tratamento freqüentemente com um discurso estereotipado e dissociado, principalmente quando são trazidos por familiares. Ainda prevalece a fantasia de que se jogar vão recuperar o dinheiro perdido, na crença de que conseguirão pagar suas dívidas e tudo voltará a ser como antes. Muitas vezes o jogador não consegue entrar em contato com a dor de seus familiares e muito menos com a sua. Não percebe que se afastou das pessoas de quem gosta e que não encontra mais prazer na vida a não ser no ato de jogar.

O repertório do jogador fica restrito de forma semelhante ao do farmacodependente. A diferença é que a farmacodependência começa mais cedo, geralmente na adolescência, e provoca alterações de consciência que podem comprometer o desenvolvimento do indivíduo. Os jogadores já percorreram percurso maior de vida, geralmente são mais velhos, e em sua maioria, estudaram, trabalharam e constituíram família. Em pesquisa realizada em local de jogo em São Paulo (Oliveira & Silva, 2000) e entre jogadores que procuraram tratamento no Ambulatório de Jogo Patológico do PROAD/UNIFESP (Oliveira, Silva & Silveira,1999), observou-se que apesar de ser crescente o número de mulheres que jogavam, a maioria dos jogadores era do sexo masculino, com cerca de 40 anos de idade, casada, trabalhava e tinha grau de escolaridade elevado. Esses jogadores costumavam apostar em mais de um tipo de jogo de azar, apesar de normalmente praticarem mais assiduamente um tipo específico de jogo. Bingo, jogos eletrônicos (video bingo, video poquer e caça níqueis) e carteado eram mais referidos como atividades que trouxeram prejuízos.

A observação a partir do atendimento a jogadores patológicos indica que esses jogadores aparentemente construíram um patrimônio calcado na *Persona* que desmorona com o decorrer do tempo. Em sua maioria inteligentes e competentes, os jogadores têm ou tiveram sucesso no trabalho. Entre as mulheres, muitas passaram a vida identificadas com o arquétipo da *Grande Mãe*. Criaram filhos sozinhas, trabalharam e eram a referência para toda família. Entre as jogadoras atendidas no PROAD, há um grande número de mulheres solteiras e separadas e, entre as casadas, a maioria relata dificuldades no casamento. Geralmente sentem-se solitárias e infelizes. Entre os homens, o traço da competição e da necessidade de estímulo e excitação é ainda mais marcante. Muitos relatam sucesso profissional e consideravam-se "vencedores". Assim como essas mulheres "heroínas", parece que eles também não dispunham de estrutura egóica capaz de sustentar essa condição e, a certa altura da vida, põem tudo a perder. Endividam-se, fazem empréstimos, relutam em aceitar as perdas e em reconhecer necessidade de ajuda. Observa-se que a depressão é um quadro comum, assim como uma sensação de um vazio e de uma angústia insuportáveis. O jogo entra na vida desses indivíduos como possibilidade de prazer, de anestesia, como forma de preencher esse "buraco". Na verdade, ao jogar até ultrapassar seus limites, os jogadores inconscientemente perdem como se jogassem fora tudo que construíram até então. No entanto, é a partir dessa ruptura que há a possibilidade de virada, de se libertarem de ter que desempenhar papéis estereotipados, que não mais faziam sentido. A partir dessa falência pode haver transformação, passam a poder assumir sua verdadeira personalidade. Como descreve Hillman (1993), a transformação começa nesse ponto onde não há mais esperança. O desespero produz o grito de salvação para o qual a esperança seria otimista e confiante demais. É o desespero que introduz a experiência de morte e é requisito para a ressurreição.

Entre os mais jovens o jogo parece estar relacionado com a dificuldade de entrar na vida adulta e suportar fazer sacrifícios. O prazer do jogo é associado à excitação e euforia. Competição e ambição são traços presentes, utilizados como meios de manter uma *Persona*. Apresentam muita dificuldade em suportar frustração, assim, fogem dessa vivência o quanto podem. Jogadores mais velhos referem-se à sua juventude dessa forma, mas no momento em que procuraram tratamento, referiam-se ao jogo como tentativa de ocupar tempo ocioso. Muitos jogaram a vida toda, controladamente, mas ao se aposentarem, extrapolaram. Aparece a dificuldade de caminhar para a velhice, de elaborar perdas e de abrir mão da potência do jovem para valorizar a sabedoria do idoso. Aprender a conviver com a solidão e conseguir estabelecer um diálogo consigo mesmo têm sido um grande desafio.

Ao desenvolverem essa *Persona* de eficiente, produtivo ou generoso esses indivíduos escondem carências primitivas. Desconhecem a si próprios e projetam no outro suas necessidades. Manter essa *Persona* e o ciclo vicioso do jogo (apostar, perder, arrumar dinheiro para jogar, se esquivar, apostar...) deixa-os sempre ocupados e mantém a dissociação. Ao romper com esse ciclo, o jogador enfrenta um processo semelhante ao farmacodependente, que se depara com um vazio. O trabalho terapêutico visa possibilitar a emergência da verdadeira identidade, de um "eu" mais autêntico. Procura-se auxiliar o indivíduo a entrar em contato com seu Self escondido e preservá-lo, pois, no momento de crise, a ameaça de destruição é às vezes literal uma vez que é alto o índice de suicídio entre jogadores.

Como exemplificado pelas falas anteriores, os jogadores patológicos são pessoas que não sabem dizer não ao outro, mas passaram a vida dizendo não a si mesmos. Inconscientemente, o jogo aparentemente entra como desforra, como agressividade disfarçada. Endividar toda a família parece ser uma maneira de fazê-los provar da privação de dinheiro como uma vingança da privação de afeto que sentem. Parece que entre jogadores patológicos há freqüentemente uma ferida matriarcal profunda que o indivíduo não agüenta, e assim, dissocia. A defesa patriarcal é rígida e bem estruturada, afinal eles geralmente são trabalhadores e responsáveis. No entanto, avançam até onde podem, pois não têm ego para sustentar as conquistas e colocam tudo a perder. De provedores, passam a dependentes. Devido à dificuldade em pedir ajuda, inconscientemente colocam-se em um lugar onde têm que receber cuidados, e paradoxalmente passam a depender daqueles que antes dependiam deles.

Utilizando o referencial de Galiás (1988), o jogador vai ter que aprender a receber cuidados para desenvolver o papel *fm* (filho no dinamismo matriarcal) que não pôde ser desenvolvido. Muito cedo tiveram que exercer o papel M (mãe no dinamismo matriarcal) sem ter desenvolvido condições para tal. Assim, é necessário atualizar o arquétipo da *Grande Mãe*, aprender a se cuidar, ser "mãe de si mesmo". A falta dessa estrutura fez com que seu projeto de vida ruísse, não se sustentasse. A cortina cai junto com a *Persona*. O sujeito se vê nu, frente ao público, desprotegido, exposto, tendo que pedir ajuda. De independente passa a ter que conviver com seu lado dependente. Como a estruturação patriarcal é rígida, essa condição é muito difícil de aceitar. O arquétipo do *Pai* também precisa ser humanizado para que o indivíduo possa se perdoar e interromper o ciclo de culpa/castigo do qual é prisioneiro.

O conflito exemplificado nas falas como "onipotência X impotência" mostra a dificuldade em encontrar o meio-termo. Facilmente os jogadores patológicos identificam-se com o arquétipo do *herói*. Inflam e perdem o limite. Ou, pelo contrário, deprimem e ocupam o lugar de grande vítima. O grupo trabalha procurando apontar o caminho do meio a partir do resgate do Self. Estimula-se que possam sentir-se bem como são, aceitando e enfrentando suas dificuldades, sendo capazes de pedir ajuda. Freqüentemente é necessário contar com pessoas próximas, uma vez que há necessidade de controle externo, principalmente para o controle financeiro, levantamento das dívidas e planejamento de pagamento das mesmas. Quando os jogadores patológicos deixam esse padrão radical de "tudo" ou "nada", bem representado pela expressão "perdido por um, perdido por mil", o dinheiro passa a ter valor. As pessoas com que estabeleceram relações afetivas podem se aproximar e esses indivíduos passam a ter prazer com pequenas coisas. Aumenta o repertório de atividades que proporcionam prazer e passa a ser possível lidar com conflitos sem recorrer ao jogo.

6. Considerações finais

O uso de substâncias psicoativas e a prática de jogos de azar são tão antigos quanto o homem. No entanto, nas últimas décadas esses comportamentos vêm sendo exercidos com maior assiduidade e passaram a comprometer a qualidade de vida de um número crescente de indivíduos. Em decorrência disso, diferentes modelos de prevenção e tratamento vêm sendo criados e diversas estratégias terapêuticas desenvolvidas.

No trabalho psicoterapêutico com farmacodependentes e com jogadores patológicos procura-se dar subsídios para que o indivíduo assuma sua verdadeira identidade e sinta-se mais à vontade para atuar no mundo. No jogo patológico, o indivíduo arrisca-se apenas virtualmente e não enfrenta os conflitos inerentes à vida. O dependente de drogas, por sua vez, transforma sua percepção da realidade já que não consegue enfrentá-la (Silveira, 1995). Ambos os transtornos apontam para a necessidade de investimento em espaços que permitam o desenvolvimento de atividades criativas, que proporcionem vivências significativas para as pessoas, que marquem as transformações da vida. São o reflexo dos rituais perdidos em nossa cultura, que deixam de marcar a passagem da infância para a vida adulta e da vida adulta para a velhice.

Atualmente existem crianças sem infância de um lado, e eternos adolescentes de outro, aliados a adultos que negam o processo de envelhecimento. Crianças e adolescentes precisam acreditar que fazem diferença no mundo, que há espaço para sua singularidade, para que se desenvolvam de forma saudável. Entre os jogadores, trata-se da mesma questão em uma outra etapa da vida, pois geralmente são mais velhos e necessitam de espaços que permitam elaborar as perdas, além de também desenvolver seu potencial. Enfim, poder viver o processo de amadurecimento e envelhecimento de forma que ainda se sinta sujeito, amado por ser quem de fato é. Tanto num caso quanto no outro, o indivíduo precisa sentir-se valorizado, saber-se útil sem negar suas limitações. Se o farmacodependente precisa descobrir sua verdadeira identidade, colar as partes do "espelho quebrado" para encontrar a si mesmo, o jogador patológico necessita deixar as máscaras para encontrar a si mesmo.

Jung tece observações a respeito da religião que de certa forma aplicam-se às patologias aqui discutidas e ao processo de delas se libertar. Jung (1963/1999, p. 85) afirma que: "*A religião é a relação com o valor supremo ou*

*mais poderoso, seja ele positivo ou negativo, relação esta
que pode ser voluntária ou involuntária, isto significa que
alguém pode estar possuído inconscientemente por um
"valor", ou seja, por um fator psíquico cheio de energia
ou que pode adotá-lo conscientemente. O fator psicológico
que dentro do homem possui um poder supremo age como
"Deus", porque é sempre ao valor psíquico avassalador
que se dá o nome de Deus. Logo que um deus deixa de ser
um fator avassalador, converte-se em um simples nome.
Nele o essencial morreu e seu poder dissipou-se. Por que
os Deuses do Olimpo perderam seu prestígio e sua influên-
cia sobre a alma humana? Porque cumpriram sua tarefa
e porque um novo mistério se anunciava: o Deus que se
fez homem".*

Na verdade esse processo descrito por Jung pode
ser considerado o objetivo do trabalho psicoterapêutico
com dependentes. Ao passarem por um percurso que os
conduz a si mesmos, libertam-se e ficam livres para circu-
lar pelo mundo e se relacionarem. As drogas, o jogo,
sexo, comida, internet, etc. perdem esse efeito avassalador que exerciam sobre o indivíduo dependente, deixam
de ser deuses a quem o indivíduo tinha que servir incondicionalmente e passam a ser meros nomes. Os arquétipos foram humanizados e os indivíduos encontraram
o centro que está dentro deles mesmos, seu Self. Segundo
Jung (1963/1999, p. 86) *"as pessoas voltaram a si mesmas,
puderam aceitar-se, foram capazes de reconciliar-se consigo
mesmas e assim reconciliaram-se também com situações e
acontecimentos adversos".*

Nesse trabalho, Jung (1963/1999, p. 86) sustenta ainda que: "*Primeiro, em épocas remotas, a parte fundamental da vida psíquica aparentemente se situava fora, nos objetos humanos e não-humanos: achava-se projetada. Num estado mais ou menos completo de projeção é quase impossível haver consciência. Com a retirada das projeções, desenvolveu-se lentamente um conhecimento consciente*". Apesar de Jung referir-se a um tema mais amplo, o mesmo processo dá-se com dependentes. A vida psíquica achava-se colocada fora, projetada no círculo vicioso da dependência. Ao desenvolver um conhecimento a respeito de si próprio, passa a ser possível libertar-se das projeções e também da dependência. Jung vai além, ao afirmar que, ao desenvolver um conhecimento consciente e entrar em contato com sua própria sombra, o indivíduo já contribui com a sociedade: "*Seja qual for a coisa que ande mal no mundo, este homem sabe que o mesmo acontece dentro dele, e se aprender a arranjar-se com a própria sombra, já terá feito alguma coisa pelo mundo* (1963/1999, p. 88).

A esse propósito adverte (Jung,1963/1999, p. 89) "*...o homem moderno sofre de uma hybris da consciência, que se aproxima de um estado patológico....os homens não percebem a perigosa autonomia do inconsciente, tomando-a apenas negativamente como ausência de consciência*". O homem que quer tudo controlar acaba sucumbindo ao inconsciente, no caso, às dependências. Jung (1963/1999, p. 91) segue apontando uma solução para esse impasse: "*Não-liberdade e possessão são sinônimos. Por isso sempre há na alma alguma coisa que se apodera da liberdade* *moral, limitando-a ou suprimindo-a....Verdadeiramente, não gozamos de qualquer liberdade sem dono mas nos achamos continuamente ameaçados por certos fatores psíquicos capazes de nos dominar sob a forma de "fatos naturais"....sempre existiram domínios e poderes, não nos compete criá-los, a única tarefa que nos cabe é escolher o "senhor" a quem desejamos servir, para que esse serviço nos proteja contra o domínio dos "outros", que não escolhemos. Deus não é criado, mas escolhido".* Assim, se o homem não goza da autonomia de que gostaria, também não precisa ser escravo, como no caso dos dependentes. Há pelo menos a possibilidade de escolher o deus a quem servir.

Tanto no tratamento quanto na prevenção da dependência procura-se resgatar o indivíduo, para que haja um "eu" que escolhe, um ser com identidade que tenha mais consciência de suas escolhas. Ao escolher uma coisa, sacrificam-se outras, havendo assim consciência do limite, da sombra, enfim, da "pequenez" do ego frente ao inconsciente. Justamente a percepção do limite delimita um campo de ação, um potencial entre o "tudo" e o "nada", onde o indivíduo pode viver plenamente.

Esse processo que resulta em um indivíduo singular, capaz de fazer escolhas, é o fim de uma jornada heróica. Após cumprir as tarefas, o herói passa a conhecer seu verdadeiro nome. Esse processo só pode se dar a partir da relação eu/outro. Relação esta que não precisa se restringir à relação paciente/analista, mas às relações que se estabelecem em encontros significativos no cotidiano, que criam subjetividade. É a transferência compreendida no seu sentido mais amplo, que Hillman (1992) chamou de encontro entre *Eros* e *Psyché*. Nesse processo o indivíduo não pode ir sozinho, pois nessa jornada em direção a si mesmo é necessário uma ligação íntima, já que só pode saber de si através do outro. Trata-se de um caminho tortuoso onde o sofrimento é inerente à essa relação íntima. Hillman fala em odisséia da alma humana e afirma que, se a reflexão traz consciência, o amor cultiva a alma. Segundo esse autor, o mito de *Eros* e *Psyché* não pode ficar restrito aos consultórios, mas deve estar presente na vida, fora da psicoterapia. Segundo Hillman a relevância desse mito foi redescoberta na análise e o mito experimentado através da transferência. A vivência desse mito não deve ficar restrita ao ritual do modelo analítico, em um local terapêutico especial, para um par de pessoas, um "doente" e outro "bem". *Eros* e *Psiché* devem poder unir-se na vida, de maneira que a criatividade psicológica, incluindo a psicopatologia, possa encontrar formas adequadas fora do consultório. Onde há encontro verdadeiro, há transferência, e, portanto, cultivo de alma. Assim a concepção de *Rede,* tecida por inúmeros fios, integrando as diferenças sem excluí-las, deve ser ampliada para todo e qualquer encontro interpessoal, principalmente se considerarmos que esse encontro é fundamental não só para abordagens terapêuticas da dependência, mas principalmente para sua prevenção. Além disso, como afirma Hillman, as relações não transformam apenas as pessoas, mas transformam também a história.

Referências bibliográficas

ALVARENGA, M. Z. (1995). A grande deusa e a emergência do masculino. *Junguiana, 13,* 72-87.

_____. (1999). O herói e a emergência psíquica. *Junguiana, 17,* 47-56.

American Psychiatric Association (1994). *Diagnostic and statistical manual of mental disorders.* (Fourth Edition). Washington DC: American Psychiatric Association.

ASSIS, R. A. (1998). Visão da educação: constituição das identificações. In *Afetividade e sexualidade na educação: um novo olhar.* Secretaria de Estado da Educação de Minas Gerais, Fundação Odebrecht. pp. 78-87.

BEAUCHESNE, H. (1981). L´espace thérapeutique et le toxicomane. In Bergeret et. al. *Le*

Psychanalyste à l´écoute du toxicomane. Paris: Dunod. pp.133-140.

BERGLER, E. (1957). *The psychology of Gambling*. USA: International Universities Press, Inc.

BOUSTANY, Antoine (1993). *Histoire des paradis artificiels: drogues de paix et drogues de guerre*. Paris: Hachette.

BYINGTON, C. (1983). O desenvolvimento simbólico da personalidade. *Junguiana, 1*, 8-63.

_____. (1993). Uma avaliação das técnicas expressivas pela psicologia simbólica. *Junguiana, 11*, 134-149.

CARLINI-COTRIM, B. (1993). *A escola e as drogas: realidade brasileira e contexto internacional.* Tese de doutorado, Departamento de Psicologia Social, Pontífice Universidade Católica, São Paulo.

CROCKFORD D. N & EL-GUEBALY N. (1998). Psychiatric comorbidity in pathological gambling: a critical review. *Canadian Journal of Psychiatry - Revue Canadienne de Psychiatrie; 43*(1):43-50.

CUSTER, R. L. (1984). Profile of the pathological gambler. *Clinical Psychiatry, 45,* (12):2, 35-38.

ESCOHOTADO, A. (1994). *Las Drogas: de los orígenes a la prohibición.* Madrid: Alianza Editorial.

FERAY, D. & CORDIER, B. (1994). Les addictions sexuelles. In BAILLY, D. & VENISSE, J. L. (Org.) *Dépendence et conduites de dépendence*. Paris: Masson. pp.177-186.

FREIRE, P. (1997). *Pedagogia da autonomia*. São Paulo: Paz e Terra. p. 36.

FREUD, S. (1969). *Dostoievsky e parricídio*. Obras completas de Sigmund Freud. vol. 21. São Paulo: Imago Editora, Trabalho original publicado em 1928.

GALIÁS, I. (1988). Reflexões sobre o triângulo edípico. *Junguiana*, 6, 149-166.

Gênesis. Antigo Testamento. *Bíblia Sagrada*. IX, 20-25.

GREENBERG, J. L., LEWIS, S. E. & DODD, D. K. (1999). Overlapping addictions and self-esteem among college men and women. *Addictive Behaviors, 4,* 565-571.

GROESBECK, C. J. (1983). A imagem arquetípica do médico ferido. *Junguiana, 1,* 72-96.

GUATARI, F. (1990). Reunião com estagiários. Comunicação pessoal. Clinique de la Borde, Cour Cheverny, France.

HILLMAN, J. (1975). *Re-visioning psychology*. New York: Harper & Row.

HILLMAN, J. (1980). Sobre a necessidade de um... psicologia do comportamento anormal: Ananke e Atena. In Hillman, J. (Org.) *Encarando os deuses*. São Paulo: Cultrix/Pensamento.

_____. (1992). *The myth of analysis*. New York: Harper Perennial.

_____. (1993). *Suicídio e alma*. Petrópolis: Editora Vozes. p. 110.

HOLDEN, C. (2001). "Behavioral" addictions: do they exist? *Science, 294*, 980-982.

JUNG, C. G. (1975). *Letters*. Adler, G. (Ed.) Vol. II, (1951-1961). Princeton: Princeton University Press.

_____. (1985). *Energia psíquica*. Obras completas, Vol. VIII/1. Petrópolis: Editora Vozes. (Trabalho original publicado em 1928).

_____. (1986). *A natureza da psique*. Obras completas, Vol. VIII/2. Petrópolis: Editora Vozes. (Trabalho original publicado em 1958).

_____. (1987). *Psicologia do inconsciente*. Obras completas, Vol. XVII/1. Petrópolis: Editora Vozes. (Trabalho original publicado em 1917).

_____. (1987). *A prática da psicoterapia*. Obras completas, Vol. XVI/1. Petrópolis: Editora Vozes. (Trabalho original publicado em 1935).

_____. (1988). *Resposta a Jó*. Obras completas, Vol. XI/4. Petrópolis: Editora Vozes (Trabalho original publicado em 1971).

_____. (1990). *Symbols of transformation*. Obras completas, Vol. V. New York: Princeton University Press. (Trabalho original publicado em 1912).

_____. (1991). *O espírito na arte e na ciência*. Obras completas, Vol. XV. Petrópolis: Editora Vozes. (Trabalho original publicado em 1929).

_____. (1991). *Psicologia e alquimia*. Obras completas, Vol. XII. Petrópolis: Editora Vozes. (Trabalho original publicado em 1944).

_____. (1991). *Aion: estudos sobre o simbolismo do si-mesmo*. Obras completas, Vol. IX/2. Petrópolis: Editora Vozes. (Trabalho original publicado em 1976).

_____. (1999). *Presente e futuro*. Obras completas, Vol. X. Petrópolis: Editora Vozes. (Trabalho original publicado em 1957).

_____. (1999). *Psicologia e religião*. Obras completas, Vol. XI/1. Petrópolis: Editora Vozes. (Trabalho original publicado em 1963).

KAST., V. (1997). *A Imaginação como espaço de liberdade*. São Paulo: Edições Loyola.

KLITZNER, M. (1992). Programas americanos de prevenção: pesquisa e avaliação. Pacific Institute for Research and Evaluation. Bethesda, Maryland. Relato apresentado no II Congresso Internacional sobre Abuso de Drogas, Rio de Janeiro.

KUBEY, R. & CSIKSZENTMIHALYI, M. (2002). Television Addiction is no more a metaphor. *Scientific American*, (February), 62-68.

LESCHER, A. (1996). O mais profundo é a pele. In SILVEIRA, D. X. & GORGULHO, M. (Org.) *Dependência: compreensão e assistência às toxicomanias.* São Paulo: Casa do Psicólogo. pp. 15-20.

LESCHER, A. D., SARTI, C., BEDOIAN, G., ADORNO, R. C. F. & SILVA, S. L. (1998). *Cartografia de uma Rede: reflexões sobre um mapeamento da circulação de crianças e adolescentes em situação de rua da cidade de São Paulo.* S.L.

LETARTE, P. (1981). Le toxicomane, sa drogue et son psycothérapeute. In Bergeret et. al. *Le Psychanalyste à l'écoute du toxicomane.* Paris: Dunod. pp. 125-132.

MAGOUDI, A. (1986). Revue de la literature psychanalytique sur les toxicomanies. In FERBOS, C. & MAGOUDI, A. *Approche pshychanalytique des toxicomanes.* Paris: Presses Universitaires de France. pp. 7-43.

MALUF, T. P. G. (2002). *Avaliação de sintomas de depressão e ansiedade em uma amostra de familiares de usuários de drogas que freqüentaram grupos de orientação familiar em um serviço assistencial para dependentes químicos.* Tese de mestrado, Universidade Federal de São Paulo, Departamento de Psiquiatria, São Paulo.

MAXANCE, J. (1992). Jung et la clinique du toxicomane. *Collection Comunication, 12*, Paris: Centre Didro.

McKIM, W. A. (2000). *Drugs and Behavior: an introduction to behavior pharmacology.* New Jersey: Prentice Hall.

NAIFEH, S. (1995). Archetypal foundations of addiction and recovery. *Journal of Analytical Psychology, 40*, 133-159.

NOTO, A. R. & Alii (1997). *IV Levantamento sobre uso de drogas entre crianças e adolescentes em situação de rua de seis capitais brasileiras.* São Paulo: CEBRID, UNIFESP.

OLIEVENSTEIN, C. (1977). *Il n'y a pas des drogués heureux.* Paris: Opera Mundi.

_____. (1983a). *Destin du toxicomane.* Paris: Fayard.

_____. (1983b). *La drogue ou la vie*. Paris: Robert Laffont.

_____. (1990). *A clínica do toxicômano*. Porto Alegre: Artes Médicas.

OLIVEIRA, M. P.M. T., BORGES, M. B. F., RIBEIRO, C. M. & CARABOLANTE, R. (1996). Jogo Patológico. In SILVEIRA, D. X. & GORGULHO, M. (Org.) *Dependência: compreensão e assistência às toxicomanias*. São Paulo: Casa do Psicólogo, pp. 133-148.

OLIVEIRA M. P.M. T., SILVA, A. C. P & SILVEIRA, D. X. (1999). Um programa assistencial para o transtorno de jogo patológico. *Boletim de Psiquiatria*, 32 (1), 25-25.

OLIVEIRA M. P. M. T. & SILVA M. T. A. (2000). Pathological and nonpathological gamblers: a survey in gambling settings. *Substance Use & Misuse*, 35 (11),1573-1583.

Organização Mundial da Saúde (1992). *Reagindo aos problemas das drogas e do álcool na comunidade*. São Paulo.

OURY, J. (1989). *Création et schizophrénie*. Paris: Editions Galilée.

PETRY N. M & ARMENTANO C. (1999). Prevalence, assesment and treatment of pathological